かぼちゃの馬車事件

スルガ銀行シェアハウス詐欺の舞台裏

SS被害者同盟代表
冨《とみ》谷《たに》皐《こう》介《すけ》

みらい PUBLISHING

本書は2018年に発覚し、世間を騒がせたシェハウス投資をめぐる不正融資事件の顛末を、被害者の立場から記した記録です。

スルガ銀行と不動産販売会社スマートデイズによる無謀な計画、不正な融資によりシェアハウス「かぼちゃの馬車」の事業は当然のごとく破綻し、多数の被害者が出ました。被害者たちは筆舌に尽くしがたい苦痛の日々を送り、現在に至っています。

著者は被害者の会「SS被害者同盟」(SSはスルガ銀行とスマートデイズの頭文字)を立ち上げ、約20名の同志とともに、銀行という巨大組織に挑むために、難しい意見調整や戦略の立案を行ない、裁判に臨みました。

その実態は、単に事実を並べるだけでは経緯や心理を語ることができないという著者の考えから、心理描写や背景を記したストーリーとして執筆、掲載しています。よりリアルに被害者の心情や周囲の反応、一縷の望みを叶えていく難しさを汲み取っていただければ幸いです。

掲載にあたっては、書籍化の目的に鑑み、個人名や一部の事柄を仮名や特定しにくいものに置き換えています。

みらいパブリッシング

本文掲載写真:著者提供

まえがき

　漠然とした将来への不安があり、老後の年金や子どもの教育費など、今から準備をしておかなければいけないと考えている人は多いと思います。この気持ちにつけ込む形で、用意周到にだますことで発生したのがスルガ銀行と不動産販売会社スマートデイズが結託した不正融資「かぼちゃの馬車事件」です。私はその詐欺事件に巻き込まれ、どん底まで突き落とされた被害者です。この事実を知って私をどう見られるでしょうか。不正に引っかかる馬鹿な奴だと笑われるでしょうか。自業自得だ、欲を出すからそんなことになると思われるでしょうか。

　私も自分が「かぼちゃの馬車事件」の被害者になるまでは、他の詐欺事件の被害者のことを「脇が甘いからだまされる」と評していたかもしれません。しかし、この事件の被害者たちは家電メーカーや自動車メーカーの管理職、ＩＴ企業のシステムエンジニア、生命保険会社の営業マン、銀行員、医者、パイロットなど、ある程度の社会的評価を得て、一定以上の見識のある人たちです。それまでの被害者たちは順風満帆に人生を歩んでいるように見られますが、みんな「将来不安」を抱えていました。まさにそこにつけ込まれてしまったのですが、事件当時、金融庁長官の森信親氏が「地銀の優等生」と称賛し、スルガ銀行を信用する人がたくさんいたため、被害が拡大したのです。

それでもなお、「投資は自己責任」という言葉が聞こえてきます。しかし、これは「投資」の失敗ではなく、加害者が被害者をだました詐欺事件だと思います。

本書は私も取材に協力し、2021年2月にさくら舎から上梓された『スルガ銀行　かぼちゃの馬車事件　四四〇億円の借金帳消しを勝ち取った男たち』（大下英治著）に書き込まれなかった被害者側の実情を、被害者本人から見た目でさらに詳しく書いたものです。

2年3カ月に渡るこの詐欺事件の全貌と、第1次調停で440億円の債権放棄を勝ち取ったSS被害者同盟の活動の実態を記録として残したいという想い、いまだに続く金融機関による不正融資への警鐘として、同様の被害者が二度と生まれないようにという想いを込めて書きました。

たくさんの方々のお力添えにより、様々な苦難を乗り越えて「かぼちゃの馬車事件」は決着に至りました。ここまでご尽力いただいた河合弘之弁護士、山口広弁護士を初めとする弁護団の皆さま、国会議員、金融庁、裁判所、報道関係、そして本書籍の出版にあたり、ご支援をいただいたたくさんの皆さまにこの場を借りてお礼を申し上げます。

なお、スルガ銀行によるシェアハウスを除くアパート・マンション等の不正融資事件については、まだ解決しておらず、被害者救済のための活動は続いています。読者の皆さまからの応援というお力添えを頂戴できましたら幸いです。

2021年9月
冨谷皐介

かぼちゃの馬車事件　スルガ銀行シェアハウス詐欺の舞台裏　〈目次〉

第一章　触手

すべての始まりがそうであるように、私（冨谷皐介《とみたにこうすけ》）に降りかかったその厄災は、ごくごく小さなことがきっかけであった。

２０１６年の冬、私は50歳を目前に控え、都内の家電メーカーに勤める中間管理職のサラリーマンとして日々を過ごしていた。

完済が見えてきた自宅のローン、きたる老後の生活、妻との間に授かった二人の子どもの学費、故郷小樽に暮らす年老いた父母のこと等々が、ぼんやりとだが逃れられない不安として現れてきていた。より倹約していかないといけない、けれど自分の趣味も捨てたくない。私はそんなジレンマに悩む、典型的なサラリーマンの一人だった。

ある夜、私は会社終わりに友人の黒井と居酒屋にいた。寒い季節でもビールの喉越しはたまらない。友人との楽しい語らいは会話も弾む。だが、その席には、私が知らないもう一人の人物がいた。

「ルネサンスパートナーズの女川《おながわ》と申します」

「冨谷と申します。はじめまして」

「冨ちゃん、冨ちゃんだけに話すんだからね？　不動産投資っていっても難しくないよ、俺にだってやれているんだから」

「うん、話を聞かせてもらうよ」

女川は、小さな不動産会社の社長であった。

黒井はよかれと思い、自分が始めたばかりの不動産投資を私に紹介したのだった。黒井自身も、女川の部下を通じて投資を行なっていた。

「今回のお話は投資というよりも節税対策と思っていただければ。それに、もしもの時の生命保険代わりにもなりますので」

「そうなんですかあ」

ビールを飲み、つまみを口に運びながら、表向きは女川の説明に関心があるふりをして聞いていた。

当時、不動産投資はちょっとした流行になっていた。周囲から頻繁にその言葉を耳にし、実際に投資を始めている同僚も知っていた。

しかし、私自身は投資に深い関心を持てずにいた。投資するには、相当の知識が必要であり、それが無いままに行なうことは、ある意味ギャンブルに近いという考えを持っていた。そうは言っても、勉強のために証券口座くらいは持ち、小遣い程度で株の売買は行なうものの、実際には損をすることの方が多い。若い頃に競馬にお金を使うこともあったが、勝つために費やす時間とお金が勿体なく思うようになり、そういったものには距離を置いていたからだ。

折角、慮ってくれた黒井には悪いが、適当に相槌を打って今日は終わらせよう。それにしても、本当に飲みの席に営業なんかを連れて来るとは思っていなかった。そんなふうに考えていた私だったが、時間が経つにつれて、女川の話術に次第に関心を持っていった。

「家賃が0円でも成り立つんですか？」

「はい、サブリースの方式で、30年間の家賃保証がついています。それに、融資審査するのは確かな銀行です。あ、どうして私がやらないのか？　皆さまそうお聞きになるので先にお答えします。お恥ずかしい話ですけど、私の会社ですと……融資はできないと言われまして。ですが、冨谷さんのお勤め先ですと全く問題ありません」

「いやいや、私の会社なんて」

女川の話を要約すると、その不動産投資は、地方から上京してくる若い女性を対象とした、仕事の斡旋等の充実したサービスを内包する、土地付きのシェアハウスのオーナーになるというものだった。

頭金も手数料もなしで、すべてローンから始められる。明日からかばん一つで女性が東京で働ける、「かぼちゃの馬車」。

それまでに知っていた投資話のほとんどが、ワンルームを用いるものだったこと。苦境にある若い女性を支援する社会貢献の意味合いがあること。そして本当に銀行が融資を行なっているのなら、高額な融資であるだけに、怪しいものではないだろうと私は思ってしまった。

とは言え、うまい話には往々にして裏があるものだ。私はそう判断し、その場での返答はさけた。

「こちらの資料と今お話しさせていただいたシェアハウスに関する内容が書かれた書籍です。差し上げますので、ぜひお読みください」

「本ですか？」

目をやると、あの有名なダイヤモンド社から出版されているものだった。

題名は『「家賃0円・空室有」でも儲かる不動産投資―脱・不動産事業の発想から生まれた新ビジネスモデル』。

著者の名は、大地則幸。この時の肩書は上場も視野に入れた勢いのある注目の新興企業「スマートライフ」（以下ＳＬ）の社長というものだった。

「家賃0円・空室有」でも儲かる不動産投資
数日後の日曜日、私は自宅の居間で寝転がり、特に面白くもないテレビを見ながらぼんやりと過ごしていた。

子ども達は友達と遊びに出ている。うるさくなくて楽だと思う反面、共にどこかへ出掛ける機会がすっかり少なくなったのを、寂しくも感じていた。

と、妻が少し怒った顔で、テレビを遮るように前に立った。手には、女川に渡されたあの本が握られていた。

「ちょっと、な〜にこの本？」

「まさか」

誤魔化そうと、ことさらに笑って見せた。

「もらいものだよ、最近投資のセールス電話が多いって言わなかったか？　俺には向いてないよ、どうせ損するだけだし」

「ならいいんだけど……もし、もしよ？　本当にその気があったら相談してね？　絶対よ。私、友達に――」

「わかったわかった、やらないから大丈夫だよ」

妻は不安を残しているようだったが、休みを邪魔するのはよくないと自分を納得させ、本をテーブルに置き渋々と引き揚げた。

私はテレビの音を下げ、その本を手に取った。口ではああ言ったものの、その時すでにこの投資話にかなり乗り気になっていた。

居酒屋で投資話を聞かされてから数日、帰宅後、そして休日を利用し、この「かぼちゃの馬車」の投資話とその運営会社ＳＬについてネットとテレビを利用して、自分なりに詳しく調べていた。

ＳＬは２０１２年に設立された新興企業ながら急成長を遂げている注目の会社であり、その評判や業績はどこを見ても悪くなかった。他の不動産会社と異なり、当時はまだ珍しかったＳＮＳツールを活用し、動画サイトにも多数の広告を載せていた。

今回提案されたサブリースという形式は、物件を管理会社がオーナーから一括で借り上げ、管理会社が各入居者へまた貸しするというものだった。私がオーナーとして土地とシェアハウスを購入所有し、実際の賃貸などの管理はＳＬが行なう。そして私には、家賃収入が入ってくるという形になる。

さらに家賃保証型として、30年間全室が埋まっている状態での月々の家賃収入を約束するという。他にも、入居者に仕事を紹介するために人材派遣会社も兼ねており、その他様々な仕組みで利益を生み出し、家賃外収入として還元するとも謳っていた。

この時の私は、サブリースの問題点をある程度理解しており、一定の警戒心は持っていたが、ＳＬのホームページを見ても、すでに都内に数百棟のシェアハウスが建ち、いずれも9割以上の部屋が埋まっている状況だった。見る限りその仕組みは合理的であり、また、シェアハウスは流行のワンルームと違いまだ認知されておらず、競争相手が少なく狙い目の投資であった。

加えて、上京し夢を追いたくともできない地方の若い女性を応援することで、社会貢献にもなるという一文にも目を引かれた。入居に必要なのはバッグ一つ、敷金礼金は0で、家賃さえあれば明日からでも東京で暮らすことができる。

これは本当に、優良な投資に最高のタイミングで巡り合えたのではないか。私の心の中では、その思いが刻一刻大きくなっているようだった。子どもの学費を心配し、老後を悩まずに済むかもしれない。

その時電話が鳴った。応対した妻が子機を持ってきて渡した。

「女川さんて人からだけど」

私は礼を言って妻からその電話を取った。テレビを消し、受話器を耳に当てる前に、ひそやかな興奮を覚えていた。

奇妙な銀行融資条件

女川からの電話の内容は、銀行に審査だけでもいかがでしょうかというものだった。銀行の名はスルガ銀行。他銀行にない金融サービスの開発と、積極的な融資活動によって金融庁から高い評価を受け、「地銀の優等生」とまで名指しされていた。

私の期待はさらに高まった。ここでもし審査に通れば、ほかならぬ銀行のお墨付きが得られることになる。破綻するような投資であった場合に、融資を回収できず損害を被るのは銀行の方だ。

紹介されたシェアハウス物件は世田谷区に建設予定で、価格は1億8700万円であった。私は、これほどの大金を頭金なしで、借り入れられることにまだ信じがたいものを感じてはいた。一方で、巨額であることが却って、スルガ銀行ほどの銀行でも利益ありと判断を下した、優良な投資であるのだという証明にもなるだろうと思っていた。

私は、言われるままに審査資料を女川に送った。その数日後、昼飯を食べている時に女川から連絡があった。家族に見つからないように、彼とは携帯を介してのやりとりになっていた。

その内容は、審査は順調であるが融資額が大きいために、現有資産を証明するもの、預金通帳のコピーやウェブ画面の確認でもよいので、手持ちのものをなるたけすべて至急で送ってほしいとの要望だった。

私はそういうものかと納得して、これも言われるままに送付した。妻に見つからないように、寝室にあるスキャナーで通帳のPDF化を行なった。見つかれば家族会議になってしまうのを嫌ったのと、秘密裏に進めて、妻を驚かせようといういたずらごころもあった。

彼女とて、自分の感じている不安と同じものを持っているはず。そう思っていた。


私がPDFデータを送ってから僅か数日後、スルガ銀行から連絡があった。

「審査が通りました」

その後、続けて女川から連絡が入り、融資の条件としてスルガ銀行へ毎月の家賃収入から約半額を積立定期として預金すること、多目的ローンを1000万円借りる必要が発生すると説明された。

前者は修繕積立金として考えればまだしも、後者は7・5％という高い金利と銀行実績のためだけということに私は違和感を抱いた。だが、女川はこれがスルガ銀行の融資条件であり、1年で解約しても構わない。それはスルガ銀行も承知している話なので受け入れて欲しいと説得してきた。

違和感が払拭されたわけではない。だが、融資先は優良地銀と言われているスルガ銀行であり、巨額融資への魅力は、それを押し隠してしまうほど強くなっていた。

慣れない契約

2016年12月、私は横浜を訪れた。向かう先は横浜駅に隣接する巨大ビル、スカイビルの22階、スルガ銀行の横浜東口支店。シェアハウスの融資契約を締結するためである。ビルに入り、エレベータに乗った時点で私は若干不機嫌を装った。原因は今日の日程と、同行者である女川の弟である。

契約が横浜で行なわれることを女川は直前まで告げていなかったのだ、加えてこれまですべてのやりとりは女川が行なっていたのに、何故か彼でなくその弟が同行するという。

「できれば最初に教えてほしかったな、日時もそっちで決めちゃうしさ」

「申し訳ございませんでした」

その謝罪に表面的で誠意のないものを感じ、私は内心で少しだけ苛立っていたが、ここまで来て引き返すのも勿体ないと自分に言い聞かせてそれを抑え込んだ。

支店内へ到着すると、私は少し驚いた。窓口が並び、ソファやATMが設置されているいわゆる普通の銀行の形態でなく、そこは受付と会議室で構成されているものだったからだ。

受付に設置されている電話をとり、女川の弟が来訪の意を伝えると、ほどなく銀行員とSLの社員と名乗る男達が現れて、会議室へと私達二人を案内した。

挨拶もそこそこに契約書類へ署名をする運びになったのだが、その時になると弟は席を外すと言い出した。契約はあくまで銀行とオーナー、すなわち私と行なうものであり、部外者である女川の弟が居てはだめだということらしい。

「どうして？　いればいいでしょう？」

「いえいえ、外でお待ちしてますから」

私は不審に思ったものの、何分にも初めてのシェアハウス融資契約であり、業界ではこれが慣習だと言い伏せられるとそれ以上追及ができなかった。融資契約の書類は膨大な量があり、早くそちらに取り掛からねば何時間かかるかわからないという不安もあった。

早速署名を始めたが、書類は不動産の契約のもの、融資契約のものとにかく数が多かった。当初は一枚一枚、どういう内容の書類なのかを確認しながら進めたものの、やはり途中からはそれにも限界にきて、私はただただ署名を機械的に続けるマシーンのようになっていた。

「捺印は私共で行ないましょうか？　数が多いのでお疲れになってしまうでしょうから」

「あ、ありがとうございます」

「いえいえ、あ、次はこちらへお願いします」

また、行員が全体の指示を行なう流れにもなっていった。署名をする書類を指定し、私に記入させている傍らで、行員が捺印を代わりに実行していった。

私は会社でもそうだが、これまでいかなる場合も捺印を他人へ任せたことはなかった。しかし、相手が信用第一の銀行員であることと、疲れ切っている自分を案じてくれているのを断るのも気が引けるという思いもあり、捺印代行を受け入れていた。

契約書類の山に苦闘しつつ、ＳＬ社員の姿が少々気になった。彼はただじっと座っているだけだったのだ。いったいなぜこの場にいるのか？　それに女川弟がオーナーと銀行の契約においては部外者として外へ出たが、それならばこのＳＬ社員も同様ではないのか？　加えて、どこか自分を監視しているかのような目つきが気にいらなかった。

だが、指摘したところで先ほどと同じく慣習であるという答えが返ってくるだろうと、書類の山を片づけるのが先だという想いから、その存在を無視していた。

「続きまして、こちらをお願いします」

黙々と作業を進めていく途中、行員は出金伝票を３枚、金額未記入で書いてほしいと求めてきた。出金伝票とはその名の通り、金額の支払いを記録する資料である。

ＡＴＭで引き出せない大金を窓口から引き出す際に、他行で何度か利用したことがあるものだった。問題なのは、金額が未記入であるのに捺印はするという点である。これは明らかにおかしかった。

これでは金額を他者が勝手に書き込んでも、捺印で私が署名したと見なされてしまう。

「金額未記入のまま？　いや、それはちょっと……おかしくないですか？」

「いえ、ご心配なく。こちらは、現段階で出金額の端数がまだ決まっていないために金額を書けないだけですから。金額が確定しましたら私達が責任をもって記載致します。もちろんこの伝票は当銀行で厳重に保管させていただきます。それに、皆さん同じように署名をなさっていただいておりますので、大丈夫です」

この説明には、釈然としないものがあったが、結局それを受け入れた。銀行の言うことであったし、同じ融資を受けている人々もしていると説明されると拒絶しにくくもあった。

その後も署名と行員による捺印は続いていき、自分が一体何の書類に署名をし、行員が何の書類に捺印したのかを把握し切れない状態になっていった。

行員への不信感

長かった署名も終わりが見え始めた頃、行員が多目的ローンに関する書類を差し出してきた。

「冨谷さん、すでに聞いているかと思いますが、こちらの多目的ローン借り入れにも署名を頂けませんか？」

「……いやあ、私にそれは必要ないですよ。金利も高いし」

私は少し不機嫌な口調で断ってみせた。その理由は女川の事前説明に納得していなかったからだ。

「すいません、ですがこちらも融資条件の一つなので……」

以前、女川が説明した内容はこうだ。

「フリースタイルローンという名前の多目的ローンがありまして、これを借りることがスルガの融資条件になっています。こちらは物件が完成するまでのローン支払いに一時的に充てられますし、1年で解約してくださって結構です。また、将来の修繕積立金と考えていただいても、宜しいかと思います」

私は行員に対して、

「……まあ、条件の一つなら仕方ないですが、……それにしても、抱き合わせの融資とは紳士的な条件じゃないですね？」

「申し訳ございません。それと、ローンはそのまま定期預金口座に入れさせていただきます。それと併せて、積立預金口座も開設していただければと」

私は次から次に情報を小出しにして了承を得ようとするスルガ銀行の行員にますます不信感を持ったが、渋々とすべての条件を飲み込んだ。融資条件に含まれることであり、解約も可能と言われれば、この場は大人の対応で納得せざるを得なかった。

その後も黙々と作業は続き、ついにすべての書類が片づいた。

行員は最後に、今回の契約は土地に関するものであり、シェアハウスの建物の契約のために、2017年の3月、6月、9月の3回にわたり横浜東口支店への来店が必要と告げた。

シェアハウスの完成予定は9月であり、今回の契約時、柱が立った上棟の状態、建物が出来上がった竣工の状態ごとに融資を行なうためという説明だった。すっかりすべての契約が終わったと思い込んでいたこと、何度も遠い横浜へ足を運び、またも今回のような長時間の契約に立ち会わねばならないことに私はまたもや内心苛立ったが、かろうじて、それを表情に出さず済ませた。

「わかりました……よろしくお願いします」

すでに契約開始から2時間が経とうとしていたため、疲労の極みにあったのだ。女川の退室、金額が白紙の出金伝票への記入、多目的ローンの契約、定期積立の契約等、違和感を覚える点がいくつかあったものの、かけた労力を思うとそれをご破算にするのもためらわれた。

かくして、長い時間と腕の痛み、ぼんやりした頭に浮かぶ期待と不安を残して、その日の契約は終わりを迎えたのだった。

高まる不安

「おーい、皐介～」

「おお、充《タカシ》、久しぶりだな」

契約から半年以上が経った2017年7月、私は高校から30年来の友人である充と祖師ヶ谷大蔵の改札前で待ち合わせをしていた。

「悪いな、休日なのに」

「いいって。ただ、今夜はたっぷり飲ませてもらうぞ？」

「ああ、もちろんさ。おれも充と飲みたかったし、タップリ飲んでくれ。それよりも俺のためにわざわざこんな所まで来てもらって申し訳なく思っているよ」

旧友とは不思議なものだ。会っていなかった時間がまるで無かったかのように、二人は笑い合いながら歩き出した。向かう先は10分ほど歩いたところにある、私のシェアハウスが建つ予定の場所である。


昨年12月に結んだ土地契約の後、スルガ銀行の横浜東口支店へ足を運び、3月と6月の建物分の融資契約、それぞれ1600万円強を済ませていた。

建設途中のシェアハウスも完成まであと一息と、順調そのものの流れであるはずだったが、どうしても私は心中の不安が拭えなかった。

これまで数日と間が空くことなく届いていた女川兄弟からのLINEでの連絡は契約以来、めっきりその頻度を減らしていた。また、今回のローンで開いた口座の通帳が、スルガ銀行から送られてくるまでに、3カ月以上もかかっていたからだ。

女川に確認の問い合わせを入れるとスルガ銀行も多忙のために遅れているのでしょうと曖昧な説明はあったが、契約が済めばあとは知ったことではないという不誠実な態度だと私には思えた。

もしや詐欺ということはあるまいか？　自分なりに、不動産売買の仕組みについて再び調べてはいたものの、それにも限界があった。

そこへ、旧友である充から久しぶりに上京するので飲まないかと誘いがあった。渡りに船だった。彼は建築関係の仕事に就いており、シェアハウスを見てもらえれば、また別方向からの意見がもらえるのではと期待した。事情を説明し、無理を言って現場へ来てもらったのだった。

「『かぼちゃの馬車』ってのは知ってる。最近、ＣＭ流してるよな。ベッキーが出てるやつ」

「そうそれ、『かぼちゃの馬車』。手がけているのが『スマートライフ（ＳＬ）』っていう新しい会社なんだ。右肩上がりに業績を上げているから、大丈夫だと思って契約したんだけど……なんか気になるんで、充に念のために見てもらおうと思ってさ」

現場に到着すると、屋根と躯体、すなわち骨組みが完成しているシェアハウスの姿があった。休日であるため作業員の姿はない。私もすでに何度か足は運んでおり、見た目には何の問題もないように見えた。

「これかあ……中に入っていいか？」

「もちろん」

シェアハウス建築現場

私は、中に入りくまなく調べる充についていった。どうか何事もないようにと祈りながら、彼が言葉を発するのを待った。

「なあ、ここがいくらで、何部屋あるか聞いてもいいか？」

「2億円弱。7㎡の部屋が18ある」

「ひと部屋1000万円ちょっとか……」

充は建物へ向けていた顔を私に移した。そこに浮かぶ、ためらうような表情に、胃がきゅっと縮むような感覚に襲われた。

「皐介、率直に言うな。これが2億円は高すぎると俺は思う。土地が仮に1億円だとして、建物はこれくらいの物だと……高くても3000万円くらいかな。これからどんな材料使うかにもよるけど、シェアハウスで高級資材はあんまり使わないだろうから」

「そっか……家賃は6万7000円の予定なんだけど、そっちはどう思う？　俺は、その価格が高いとも思っているんだけど」

「ん……やっぱり……俺も高いと思うな。世田谷ではあるけど、駅から10分くらいだし……」

充がそこまで言うと、私の顔が曇ったのだろう。その様子に気づいて彼は無理に笑って見せた。

「ま、確かに差額が全部マージンで業者に入るならひどい話だけど、まだそうと決まったわけじゃない。出来上がって、そして運営してみないとな。SLにしたって、変な会社じゃないんだろ？」

「ああ、俺も家賃が高すぎないかって聞いたんだけど、大丈夫だって太鼓判押されたからな。それに、成り立たないような融資ならスルガがするわけないし……」

「そうだよな…。何も知らない俺が勝手に言ってるだけだから気にするなよ」

充は私の肩を叩いた。

「皐介、お前が考えに考えて決めたんだろ？　大丈夫大丈夫」

「ああ、そうなんだけどな。でも、はっきり言ってくれてありがとう。さ、行こうか。うまい店知ってるんだ」

「おし、ゴチになります！」

「よし、シェアハウス完成の前祝いだ」

互いに努めて明るく振る舞っていたが、私の心にはより大きな不安が覆いかぶさりつつあった。

この投資は果たして大丈夫なのだろうか？　シェアハウスはきちんと稼働するのか？　もし、不備があった場合どうすればいいのか？　それともすべて杞憂に終わるのか？　考えはまとまりそうもなかった。

居酒屋に入って充と談笑しつつ遅くまで飲んだが、その時の私には、話の内容も、酒や食べ物の味もろくにわからなかった。

完成までもう少しの、何も不安はないはずのシェアハウスのことばかりが気になってしまっていたからだ。

不吉な手紙

２０１７年10月２日。

マンションの自室で一人、シェアハウス運営についての書籍を読んでいた。妻と子ども達は買い物に出ている。

私は未だに旧友である充の見立てからくる不安を感じてはいたが、もうじきシェアハウスの稼働が始まるのだと期待に胸を膨らませることで、それを忘れようとしていた。

９月末にとうとう建物は完成し、３回目のスルガ銀行との融資契約も終わっていた。そろそろＳＬから、サブリースに関しての連絡がくるはずだった。

「さてと……」

トイレに立ったついでに、玄関へ向かい郵便受けの確認をした。

「おっ」

自分宛ての封書を発見し、嬉々としてそれを開いた。が、紙面に並んだ文字へ目を走らせていくにつれ、その顔がみるみる曇っていくのがわかった。

「社名変更……これからはスマートデイズ（以下「ＳＤ」）となります？　株式会社オーシャナイズとの……資本業務提携？」

そのまましばらく書面を何度も見返してみた。社名変更の理由を、ＳＤは8月のオーシャナイズとの提携以降始まった、既存事業の拡大と新規事業の展開への抱負を反映したためであると述べていた。

「今の時期に……」

ベッドに腰を降ろし、その意味するところを必死に読み取ろうとした。ＳＬについてはそれとなく情報を集めていたものの、資本業務提携も、株式会社オーシャナイズについても寝耳に水の話であった。社名変更とあれば、過去の名を捨てることになる。あまり喜ばしい話とも思えない。

さらに私を不安にさせたのは、肝心のサブリースについての内容が一行も記載されていないことだった。結局これは、一体自分にどう影響を与えるのか？　悪い予感ばかりが高まっていくようだった。

「落ち着け……」

自然と自分に言い聞かせていた。次の動きを待つしかない。きっとすぐに、サブリースについての封書も送られてくるだろう。

まさか自分の場合に限って、ややこしいことには巻き込まれないはずだ。シェアハウスはうまくいく。今の不安もいつかきっと笑い話になる。そうだ、最初に入った収入で家族みんなで旅行にでも行こう。そう独り言をいって手紙を隠し、家族が帰ってきた時に動揺を悟られないように、深呼吸を繰り返すしかなかった。

10月末のある日の朝、ＳＤから一通の手紙が届いた。

何事もなく、サブリースについての内容であってくれという願いもむなしく、そこに並んでいたのは「サブリース賃料支払い変更のお知らせ」という一文だった。

スルガ銀行からの通達により、今月下旬から、方針変更と共に予定していた新規決済分を延期することが決定された。当面の間、私を初めとするオーナー達には、融資に対する返済額のみの支払いとなる。要約すると、そのようなことが書いてあった。ずっと抱いていた嫌な予感が的中してしまった形となった。

これは大変なことになったぞ……。

まだ一度も受け取っていないサブリース賃料をいきなり減額されたことになった。いてもたってもいられず、すぐさま女川へ電話をかけた。

「今さっき、サブリース賃料が減額されるって手紙が来たんだけど⁉　どういうこと⁉」

「いや～、他のお客様からも手紙が届いたとは聞いたんですけど……実はまだ状況を把握できてなくて……。確認して、明日にでもまた連絡を――」

「俺を騙したのか⁉」

ほとんど怒鳴らんばかりだった。女川の緊迫感のない言動が神経を逆なでしたからだ。

「そんなことないですよ……。状況調査の時間をください、必ず、明日連絡しますから」

「明日ですね……わかりました、必ずですよ」

電話を切ると、すぐさま以前に面会したことのあるSD執行役員である新川の名刺を探し出して電話をかけた。直感的にだが、女川は頼りにならないだろうと察したためだった。

電話に出た新川は、手紙で書かれた内容を再度説明し謝罪の言葉を口にした。だが、謝罪だけで納得できるならば電話などしない。知りたいのは今後の動きである。

「ちょっと、おかしいだろう！　私はまだ一度だって家賃収入が無いんだぞ。あんな手紙一枚で済ませて、こうやって電話しなければそのままだったんですか？」

「いえ、そのようなことは……なにぶん弊社も問題解決のために、社長自ら奔走しておりまして」

「この減額はいつまで続くの」

「申し訳ございません。現在ではまだ何とも……減額させていただいた分の金利を下げるために、スルガ銀行さんと金利交渉をしていただく流れにはなろうかと思いますが……」

「なに、スルガは減額分を金利交渉で応じるの？」

「はい、そのように横浜東口支店支店長と、弊社の社長の間で話がついていると聞いています。手紙に手順書も同封させていただきましたので……」

彼の発言を簡単には信じられなかった。サブリースで最も重要な家賃収入の減額を、なんの説明もなく手紙一枚で済ませようとしたばかりではないか。

怒鳴りたくなる気持ちを自制し、私はともかくより詳細な情報を得るためにどうしたらいいか、頭をフル回転させた。

「……わかりました。それでは数日以内に御社に伺います。社長からどうしてこうなったか、直接説明をしてください」

「先ほども申しましたが、社長も問題解決に奔走しており……時間を取るのが難しい状況です。私の対応でも宜しければ……」

「わかりました……、新川さんは執行役員ですものね」

今すぐにでも飛んで行きたかったが、予定調整の結果、結局2週間ほど後にSDへ訪問することになった。

私はその際に、財務三表を用意しておくようにと要望した。企業が利害関係者へ企業の財政状況、経営状況を知らせるための資料を、一般に財務諸表と呼ぶ。その中でも特に重要な「損益計算書」「貸借対照表」「キャッシュフロー計算書」が財務三表である。

新川は即答せず、上司への確認が必要と言葉を濁した。その返答で、私は事態の深刻さをより実感したのだった。つまり簡単に見せられないほど、SDの経営状況は思わしくないということであると推測できた。

電話を切ると、洗面所へ駆けこんで何度も顔を洗い、水を何杯も飲み干した。冷静になろうとするほど、心臓の鼓動は速まり、胸が詰まるような感覚に襲われた。

「本当にまずいぞ……」

シェアハウスが破綻し、あとには巨額のローンだけが残った。最悪の未来図が何度も何度も頭に浮かんでくる。空っぽのはずの胃がむかついて、吐き気が込み上げてきたのに続いて、何度も激しくせきこみ、意識が遠のきそうになる。

「冨ちゃん、大丈夫？」

不意に背中に妻の手が当てられて、安心感からか幾分興奮が収まった。鏡には心配そうな妻の顔と、死人のような自身の顔が並んでいた。

「……ありがとう」

「……どうしたの？　大丈夫？」

目にうっすら涙が浮かんでいた。吐き気のせいもあるが、妻の優しさへの感謝、そしてこれから彼女ばかりか子どもまでも窮地へ追いやってしまうかもしれないという罪悪感によるものだった。

私は、シェアハウスへの投資のこと、そしてそれに問題が発生したこと、その他すべてを妻に打ち明けた。彼女が驚きを見せたのは一瞬で、すぐさま冷静さを取り戻し一つだけ私に約束させた。

「私と子どもには、迷惑をかけないようにやってね」

私にとって妻の反応はありがたくもあり、寂しくもあった。こちらが要求できる筋でないとわかっていても、慰めの一言が欲しかった。家族のためを思って始めた不動産投資である。

だが、それが甘えであることは勿論わかっていた。目的が何であれ、結果が家族に害をなしては何の意味もない。彼女が言うように、自分一人ですべてを解決しなければならなかった。

食事も喉を通らない。家族に合わせる顔もない。その日は早々にベッドに潜り、どうか穏便に解決しますようにとひたすら願い続けた。

第二章　悪夢

11月11日午後8時、仕事を終えた後、説明を受けるべく銀座の一等地にあるＳＤ本社へと出向いた。投資することを決めたきっかけの一つである、立派な構えの事務所も、今となっては忌々しいものとしか映らなかった。

私の表情は険しかった。つい先日、女川から、ＳＤによる販売会社向けの説明会が開催されたと連絡を受けていたからだった。内容は金利引き下げについてであったが、あきれたことに女川の会社は連絡を受けておらず不参加に終わり、同業者からのまた聞きでそれを知った有様だった。さらに、そこではオーナー同士の紛争を回避するという名目で、オーナー向け説明会を行なう予定はないとの発言もあったという。

当然、納得がいくはずはない。加えて、11月1日に入った初めての家賃収入も、通知の通りにスルガ銀行への返済分だけの金額しかなかった。そこへ定期積立と、多目的ローンへの返済が重なり、赤字になってしまっていたのだ。そのことも、今日の面談のことも妻には伝えた。そして、彼女は咎めることなく、ただ結果を知らせてほしいとだけ言った。私は妻の顔が忘れられずにいた。

約束の時間、ＳＤ本社に一歩足を踏み入れると、唖然とした。以前の広いオープンスペースは壁で区切られ、小さな待合室と化していたからだ。受付係の姿はなく、電話が悲しげにぽつんと置いてあった。

「まずい……」

事態は自分が考えていたよりもはるかに悪化している。すぐさま携帯から電話をかけ、新川に到着を告げた。怒りと焦りで、１分が何時間にも感じられるほどだった。

ほどなく新川が現れ、商談スペースへと通された。

「本日は遅い時間にありがとうございます」

「いえ……それより、財務三表は用意してもらえましたか？」

「申し訳ございません、承認が間に合わず……」

「……承認が間に合わない？　そう、では説明をお願いします」

私の口調はやや荒っぽかった。誠実さが感じられず対応も鈍い新川と、ＳＤへの怒りを隠せなかったからだ。

「はい、事の発端は10月20日のスルガ銀行さんからの申し出で――」

新川の語るところはこうであった。

20日にスルガ銀行から投資家への新規融資を停止するとの話があり、25日にはＳＤ自体への融資を見送るとの通達があった。

その原因は、一つ目にシェアハウス業界全体に見られる入居率の低下、二つ目に「サクト」「ガヤルド」という会社がオーナーに対する融資事故を起こしたことで、ＳＤにも同様の恐れがあると見なされたためとの説明だった。

この時、月末に見込んでいた決済時利益が皆無になってしまう、つまりキャッシュフローの大幅な欠損が予測されたために、10月末にオーナーへ速達でその旨を送った。これが私にも届いた手紙であった。

スルガ銀行は、民泊可能な簡易宿泊所等の一部物件に関しては融資を続け、金利も２・０~２・５%に引き下げる意向である。メインバンクである東京スター銀行については、スルガ銀行の動きを受けて一時ＳＤの口座凍結を行なったが、協議の結果、凍結は午後にも解除されたので問題は残らなかったらしい。

それを受け、販売会社向けの緊急説明会が開かれた。その時はＳＤ代表の大地不在のため、オーシャナイズの代表が応対を行なった。２回目の開催が、通知が届かず女川の会社が不参加に終わったものであった。

説明会では、今後の会社展望はどうなるのか。オーナーへの説明会の開催を行なうべきではないか、オーナーへの支払いが金利相当分引き下げられた場合、差額分の賃料保証はどうするのか、等の質問と意見が出た。このうちオーナーへの説明会は、約８００名という人数のため、会の紛糾が見込まれてしまい現実的でない。それで、書面通知で遂行する予定であるとのことだった。

私は、一言一句を聞き漏らさないように必死にメモを取り続けていた。これほど集中したのは、受験や会社の重大プロジェクトに携わっていた時以来だなと、密かに自嘲した。

気がかりなのはサクト、ガヤルドだった。ＳＤと同じく都内で新築のシェアハウス事業を行なっている企業である。

独自に調べた中で知ったことだが、この2社はサブリース家賃が未払いのなか、建物が未建築のまま倒産したため、オーナーが悲惨な状況に追いやられていた。そこにＳＤの名前が間もなく加わるだろうと私は推測していた。

そんな私とは対照的に、新川は淡々と説明を続けていった。

「続いて今後の展望についてですが、作り過ぎの傾向がありましたので、ひとまずシェアハウスの増築は中止とします。入居率とキャッシュフローの予測などはこのようになっておりまして……」

新川はノートパソコンを開き、予測表を示した。

「現在の入居率は約40％ほどです。先日の一件もあり今後も低下が見込まれますが……3年後には入居率を80％まで引き上げていく方針です。計画の見直しはすでに始まっており、そのため心苦しくも減額という措置を取らせていただきましたが、オーシャナイズ様やアパマン様からのご支援もいただけることになっておりますので……」

新川の言葉を、そのまま鵜呑みにはできなかった。彼が見せた表はわかりづらく、正直なところ、つくり直しを命じたいほどの出来だったからだ。

支援があるといっても、オーシャナイズは大学を中心にプリントフリーのコピー機を扱う新興企業。アパマンは賃貸紹介の最大手であるが、通常のアパート・マンションが中心でシェアハウスの専門家ではない。果たしてどこまであてにできるか。

「続きまして……」

新川は新たな資料を見せてきた。

「オーナー様がお望みなら、シェアハウスを簡易宿泊所へ用途変更することも可能です。そうしますと、アパマン様の信用のもと一定の販売力が確保され、アパマン様のサブリースへ切り替え――」

「あの、よくわからないんだけど……どんなメリットがあるんですか？」

「……一番は精神的な安心が得られることです」

こいつは何を言いたいんだ。今大事なのは実利的なことであり、精神的な安心などというのは二の次である。

「女川さんからもらった大地さんの本……あれには、家賃収入が0でも空室があっても、人材派遣業とかの家賃外収入で補うって書いてあったけど？」

「継続はしていますが……当初予測していた額を大幅に下回っており……」

「入居率も嘘、家賃収入が0円でも安心というスキームも嘘、書いていることは全部嘘じゃないか……。SDはこれまで、物件を建てては売って、を繰り返す自転車操業だったわけ？」

「収益としては、そうなりますね」

この時、私は愕然としたのを表情に出さないように苦心した。まさかあっさりと、自転車操業を新川が肯定するとは思ってもみなかった。

「ですが、10月のスルガ銀行さんの話が想定外だったためにこのような事態にまでなり……事業再生計画は前々から進行していました。固定費削減、人員の整理、オーナー様への未払金についてもしっかりと……」

私はもう欠片もSDを信用できなくなっていた。怒りと不安が渦巻き、目の前の新川へ罵声の一つも浴びせたかったが、それをしたところで解決につながらないと必死に自制し、彼が饒舌に語る事業再生計画を聞きながら、冷静に対応するべく思考をめぐらせた。

「事業再生が現実的かは置いといて……まさか、あの手紙一枚でオーナー達への説明を済ませる気じゃないですよね？　常識的に考えてくださいよ、今後まともな会社になりますって言うなら、社長がちゃんと口頭で説明するべきでしょう」

「そちらについても今後……」

「それと、私はまだ引き下げに合意していません。わかりますか、合意書なしに、そっちの勝手な都合で引き下げる形になるんですよ？　そんなことしたら、債務不履行だと言って訴えるオーナーも出てきませんか？　それが心配なんです。だから、オーナー向けの説明会の開催と、金額引き下げの合意書作成を急いでもらいたいんですけど」

「……そういった可能性が無いわけでもないと思います。スルガ銀行との金利引き下げ交渉には1～2カ月かかると予測しておりまして……確定した段階で、すぐにオーナー様にはサブリース額について同意させていただければと……」

「いつまで待てばいいですか？　先が見えないと当然オーナー達は不安に思うでしょ。その辺の連絡もして、期限を明示しないといけないんじゃないですか」

「はい、年内には再生計画の素案を——」

「だから……素案を作ってるなら、完成してからの連絡じゃなくて、今作成中なのでいついつまで待ってくださいっていう連絡が必要なんじゃないの⁉」

ほとんど説教をしているような気分だった。

「オーナーを敵に回さないほうがいいですよ。私みたいに直接文句を言うならまだいいけど、何も言わないけど怒っている人も大勢いるはずですよ。たとえばそんな人は、何も言わずにいきなり刺してきたりする……そういう行動をとる人が一番怖いんです。とにかく、キチンとした対応をお願いします。」

「……悪く言ってしまえば、踏み倒しをやろうとしていることは申し訳ないと思っています」

「……は？」

絶句した。自転車操業を認めたのみならず、踏み倒しという言葉まで出て来たのが信じられなかった。

「……返そうとする努力は……していくんでしょう？」

どうにか絞り出したものの、声には力が入らなかった。

「一定期間の御辛抱をいただきますが、会社は事業継続を目指しており、支援先も先ほど申しましたように見つかっています」

「……」

「皆が再生に向けて頑張っています。スルガ銀行さんとは役員クラスと社長のやりとりだけでなく、私も実務レベルでやりとりをしていて、第一号の金利交渉もめどが立っています」

「……それで？」

「審査が行なわれた10月29日までに物件が完成していないオーナー様は、融資が最後まで終わっていないために、今回は見合わせていただいておりますが、冨谷様を含め、すでに完成していらっしゃる500名の方はすぐにでも交渉を始められると思います」

その回答は私に安心をもたらしてくれはしなかった。

これまでの説明で得た情報から察せるのは、SDは詐欺まがいの業務内容を行なってきたことと、すでにその内情は悪化しきっていること。そして、頼りない救済措置と再生計画しか存在していないということだけだった。

すぐに金利交渉ができるというのも、喜ばしいことかどうかわからない。

「わかりました……」

だが、その時の私にはＳＤ再建にかける道しかないと思えた。

すでに訪問から2時間が経過し、これ以上話を掘り下げられる気もしなかった。気力も体力もひどく消耗していた。

「今日はありがとうございました。これで失礼させていただきます。……連絡をお待ちしてます」

新川に別れの挨拶をしＳＤをあとにした。

銀座の夜は活気に満ちにぎわっていた。その中を一人、背を丸めて縮こまり、頭の中で情報を整理しつつ、寒さに震えながらとぼとぼと駅へ向かって歩いた。


帰宅すると妻が出迎えてくれた。

「おかえりなさい」

「起きていたのか……」

「気になっちゃってね。何か食べる？」

「いや、いい……。悪い、先にいらないって言っておくべきだった」

ここ最近、食欲がなかった。

「いいの、お茶でも淹れるわ。……それで、どうだったの？」

「うん……」

椅子に腰を降ろし、彼女へお茶の礼を言ってから、ゆっくりと説明で得た情報と、今後についての推測を説明した。

「状況は良くない……SDは事業再生って言ってるけど、俺はもっても来年の……5月のGWくらいまでと思う。何の裏付けもない勘だけどな」

「……それで、どうするの？」

「あそこが潰れたら、シェアハウスは市場にあふれて価格が暴落すると思う……。だから、その前に売り抜く。多少の損失が出るだろうけど……今売り抜けないと詰みだ」

「あのね、私の中学の同級生に、今東京で不動産会社の社長をしている人がいるんだけど、彼に相談したら話を聞いてくれるって」

「え⁉」

「会ってみない？ 私達でいろいろ考えるよりきっと早いわ」

頷くしかなかった。

「土日がいいわよね？　日程調整頼んでみるから」

「ごめん……」

妻は立ち上がると大きく伸びをした。

「今日は疲れたでしょ、早く休んでね」

「ああ、お休み……」

寝室へゆく妻の背を見ていると、ひどく自分が情けなくなった。冷静であるが故に、一見冷たく感じることもあったが、妻は問題解決のために彼女なりに動いてくれていたのだった。

今日は悪夢のような一日だった。夢なら早く覚めて欲しいと願うものの、紛れもない現実の中で、私は妻の優しさを感じていた。

孤独な闘い

私は情報収集を進めるとともに、女川と物件の売却について話を進めていたが、女川とその会社への信用は無いに等しかった。彼は売却の話を出した私をあからさまに避けるようになり、会社に出向いて直接会わねば話もできない有様だったからだ。

「冨谷さん、シェアハウスは最低でも5年は持たないと。今売ると損失が出ますよ」

「いや、今すぐにでも売りたいんだ。いくらで売れる?」

「そうですね……新築だし、だいたい1億8000万円くらいですかね」

「700万円の損失か……わかりました、それで売却先を探してください。ただし、損失の半分はそちらで持ってもらいますから」

「え〜、それはないですよ冨谷さん。この件じゃ、こっちはほとんど粗利なしで——」

「ないわけないだろう!」

私は、威嚇するように怒鳴った。緊張感のない女川の態度には、もはや我慢の限界だった。

「緊急事態だぞ？　わかってるのか？　ＳＤはあと半年も持たないかもしれないんだぞ！　そうなったら、俺のシェアハウスだって暴落するだろ！　それまでの勝負なんだ！　人生かかってるんだ！　あんたが持ってきた案件だろ、責任が無いなんて言わせないぞ！　あんたの儲けも吐き出せ！　俺を怒らせるなよ！」

「わかりました、色々とあたってみます」

「……本当にお願いしますよ」

私が威嚇したところで、女川の態度は変わらなかった。ひどい徒労感と、そんな相手にすがらねばならない自分の惨めさだけが残った。


「ＳＤ被害救済支援室……」

あくる日、情報収集中にその名が目に留まった。ＳＤの新川の話でも出てきた企業サクト。その被害者達を救済した団体が立ち上げたものらしい。

ホームページも設立され、「多くの課題をオーナー様とともに解決するプロ集団である」という一文とそれまでの実績とが掲載されていた。

藁にもすがる思いでそこへコンタクトをとってみると、すぐさまに返信が届き、支援室担当者の千葉拓哉と名乗る、初老の男と出会うことになった。

仕事を終えて、指定された新橋の第一ホテルのラウンジについて早々に、千葉からプレゼン用の資料を用いた説明を受けた。私の現状を把握した上で、相関図や支援室の役割、銀行や販売会社との交渉について、さらにテールヘビー返済（借り入れの最後の返済が多くなる返済）やＡＤＲ（裁判外紛争解決手続き）といった仕組み、今後の収益改善方法といった内容の説明が1時間ほど続けられた。

「過去のサクト被害の支援実績を活かして、お役に立てると思いますよ。冨谷さんの場合は1棟だからコンサルフィーは、２００万円だね。多目的ローンの残りで払えるでしょう？　２００万円なんて金利を引き下げる交渉術があるから全然高くない。今は3・5％の金利でしょ？　そこから1・5％下げれば、２００万円なんてすぐ改善するんだから。もし払えないなら、分割払いでもいいよ」

「……検討する時間をもらえますか？」

「いやいや、この勢いは止めない方がいいよ。冨谷さんは他のオーナーに比べて折角早く動いているんだから。オーナーはたくさんいるから、スルガとの交渉も早い方がいいって」

「スルガとの交渉は千葉さんにお願いできるということですか？」

「いやいや、私達は同席できないからね。金利交渉の時は携帯使ってアドバイスできるから、心配しなくても大丈夫だって」

とスマホを顔の横で振りながら、千葉は笑顔で応えた。

正直なところ、この千葉という男の話を私は信用できなかった。一方的に自分の主張をまくしたてるばかりで、被害者へ寄り添っているとは思えなかったからだ。

「あの、他のオーナーさんからも相談ありますよね？　その人達に会ってみたいんですけど、できますか？」

「それはできないなあ」

「……コンサルフィーをお支払いしても駄目ですか？」

「いやいや、私の仕事はオーナー同士を引き合わせることじゃないから、払っても同じだよ」

「そうですか…」

「それより仮想通貨に興味ない？　損失分を補填するにもってこいだよ。私なんかこれで5000万円も儲けたからね」

「そうなんですか。考えておきます……」

「あ、そう、そろそろ次の約束があるから、今日はこの辺で。ここは私のおごり、連絡待ってるからね」

この男に会って、テールへビー返済やADRという単語など、新しい情報を得られたのは良かったが、押しが強く、仮想通貨の話まで出してきた千葉には、胡散臭さしか感じられなかった。とても200万円もの大金をポンと払う気にはなれない。

ただ、コンサルフィーを払うことで他のオーナーに会えるとしたら、それに応じていたかもしれない。一人で問題解決にあたることには限界があると薄々感づいていたし、同じ立場の人々から話を聞き、できることなら私は一緒に闘う仲間が欲しかったのだ。

銀行には挑むな！

どうか早くシェアハウスが売れますようにと願う日々だったが、一向に女川からの連絡がないまま、むなしく12月を迎えていた。不安から、日が経つごとに気力も体力も落ちていくのがわかった。

それでもこの日は、妻の友人である不動産会社の社長に会って、何か良いアドバイスがもらえるかもしれないと、幾分かは気が楽になっていた。

私は妻と共にその会社へ足を運び、社長である平山と顔を合わせた。

「お休みの日に出勤させてしまい申し訳ありません……」

「いやあ、残務もあったんで出てきたんですよ。気にしないでください」

平山は朗らかに私達二人を迎えると席をすすめ、持参した資料に目を通し始めた。

「ＳＤ……聞かない名前ですね」

「そうですか……」

「扱う分野が違うっていうのもありますけど……富谷さん、今更かもしれないですけど、この業界は9割が悪人ですよ。私も含めてね」

「じゃ、私は悪い人に相談しちゃったの？」

「そういうこと」

「ひどいわね」

妻と平山のやりとりに思わず微笑んだ。

平山は資料を読み終えると、まっすぐに私を見つめて言った。

「率直に言わせてもらってもいいですか？」

「はい、お願いします」

「相当な中抜きが行なわれていると思います。物件売却を希望されているそうですが、おそらく1億円ほどにしかならないかと」

「そうですか……まだ建ったばかりで居住者もいない新築なのに……。でも、それなら、今の1億8000万円という販売価格じゃ売れないのは当然ですよね……」

私は、建設現場で聞かされた旧友、充の見立てを思い出していた。

「冨谷さんが今なすべきことは二つあると思います。一つはシェアハウスを満室にして運営すること。売却するにしても、全空室よりいいわけですから早くSDの管理を剥がしてキチンと運営できる会社を探すことです。もう一つは、スルガ銀行との金利引き下げ交渉です。満室で運営ができても、今の金利だと回っていかないと思います」

「はい、そうですね……ありがとうございます」

「わからないことがあればなんでも聞いてください。弊社の顧問弁護士に相談してみるのも良いかもしれませんよ」

これを聞いて私は、平山にならかねてから抱いていた推論をぶつけても大丈夫だろうと判断し質問した。

「……平山さん、今回……スルガも悪いんじゃないですか?」

情報収集の中で抱いた疑念だった。

既に破綻しオーナーとトラブルになっていたサクトとガヤルドの場合も、スルガ銀行が借入先であったからだ。

当初は、業者がスルガ銀行を騙したのだと思っていたが、スルガ銀行自体の調べを進めてみると、銀行内部にはびこる不正や様々な問題、「スルガスキーム」と呼ばれている、業界内でも悪名高い投資の仕組みが存在していることなどがわかってきた。

特に「スルガスキーム」には、口座改ざんを行なったり、本来の価値の倍以上の物件を顧客に購入させ、そのキックバックを不動産会社と共に詐取したという事例があったようだ。

自分のシェアハウスとそれを結びつけるのに時間はかからなかった。約2億円の融資をしているのに、実際の建物の価値は1億円ほどしかなく、平山の見立てではかなりの中抜きが行なわれている。投資が破綻すれば損害を被るのはスルガ銀行のはず、であるのに、重要なシェアハウスの価値が著しく低いことに気づかないわけがない。

スルガ銀行はSDとグルであり、何らかの理由で見て見ぬふりをしていたのではないかと私は推測したのだった。

「おっしゃる通りです、スルガにも大いに責任があると私も思います。資料を見る限り、この投資スキームはスルガなしでは立ち行かないものだと思います」

「やっぱり！」

「けど冨谷さん、スルガに闘いを挑んではいけません」

思わず反論しそうになったが、平山の真剣な表情を前にしてどうにか抑え込んだ。

「まだその確たる証拠もないですし、スルガ相手に闘っても絶対に勝てません。闘おうとすること自体が時間と体力の無駄です。特にスルガは訴訟慣れしていますので、絶対に無理です。勝てません。スルガとは金利交渉を最優先させるべきだと私は思います」

私は自分を落ち着かせて頷いた。この件に関しては平山のほうがはるかに詳しいはず。今は反論するよりも、もっと詳しく話を聞くべきだ。

「そうですね……SDもそう長くは持たなそうですし、それまでに自分で管理会社を見つけることもしないといけませんね」

「そうしてください。少なくともSDに任せず、別の管理会社を見つけて満室運営のために付加価値をつけることが大事だと思います。それから金利交渉ですが、うちからスルガへ、冨谷さんと早期交渉をしてもらえるように依頼してみましょうか」

「え？　そんなことができるんですか？　ぜ、ぜひお願いします」

願ってもない話だった。何度もスルガ銀行へ金利交渉についての連絡を入れていたが、一向に音沙汰がなかったからだ。

「前に弊社の窓口をしていた行員がいまして、今は少し偉くなっているはずです。最近は付き合いも少なくなっていて、確約はできませんが……」

「いえ、ご迷惑かと思いますが、どうかよろしくお願いします！」

「わかりました、では連絡してみます」

「ありがとうございます！」

「ありがとう」

妻ともども、深く頭を下げた。


何度も感謝を伝え、平山の会社を後にした。

「よかったね、少しは好転しそうじゃない」

「ああ、本当にありがとう。お前のおかげだよ」

「それは全部元に戻ってからでしょ。ねぇ、久しぶりに二人きりでの外出だし、何か食べて帰ろっか？」

「……そうだな」

久しぶりに食欲が湧いてくるのを感じていた。それは安心感から来るものばかりでなく、闘争心によるものでもあった。

「なあ、やっぱりスルガが悪いよな？」

「私もそう思うよ。けど、平山さんも勝てないって言っていたでしょ。向こうはいくらでもお金あるんだから、きっと裁判しても無理なんだよ」

妻の推測は当たっていた。こと裁判において、銀行が敗北した例は一度もなかった。

「ああ、色々調べた中にあったんだけど、スルガは詐欺同然のデート商法をしたって訴えられたことがあったんだ。でも、結局スルガの勝ちで終わっている」

「本当？　ひどいね。でも、それも知っていたから勝てないって言ったんだろうね」

「そうかもな……とりあえず今は、金利交渉に集中しよう」

その口ぶりとは裏腹に、私はスルガ銀行との闘いへの闘志を静かに燃やし始めていた。

平山は、スルガ銀行を敵にまわして闘うことは無駄であり勝てないと言ったが、同時にスルガ銀行にも責任があるとも言ってくれた。

私の疑念は確信へと変わっていた。同時に、今のままでは証拠もなく勝算はないかもしれないが、悪事に加担しているとわかっているスルガ銀行をそのままにしてはおけないと強く思った。

「なにか闘う方法がきっとあるはずだ」胸の奥底にこの言葉を刻み込んで、闘うための糧にしようとするのだった。

スルガ銀行横浜東口支店

屈辱の交渉

平山との会談から2週間が経っていた。

私は友人から女川以外の営業を紹介してもらい、物件売却のための動きを進めていた。それに並行して情報収集も行ない、弁護士の他、ネットに「相談承ります」と記載があった他行の銀行員にもアクセスしてみたが事態は一向に進展せず、不安は高まり、気は滅入る一方だった。

そんな中、平山の口添えのおかげで、スルガから金利交渉についての面談の連絡がようやく届いた。

12月22日金曜日、会社を休み、金利引き下げ交渉のために事前に作成した『賃貸事業再建計画書』を携えて、忌まわしいスルガ銀行横浜東口支店へと足を踏み入れた。

受付に来訪を告げ応接室へ通されると、しばらくして、応接室に二人の男が入室してきた。一人は建物の金銭消費貸借契約の際の担当者である荒井、もう一人はその上司である勝田であった。

「今日は忙しいところをありがとうございます。何度も荒井さんには連絡しているのですが、中々取り合ってもらえなくて。平山さんに口添えを頂戴してこの場を設定させていただきました」

私は言葉に棘をまぜた。スルガ銀行の対応に不満を抱いていたのと同時に、スルガ銀行こそシェアハウス投資のスキームにおいて主導的立場であったのではないかという思いが日に日に強くなっていたからだ。

そもそもこの投資に踏み切ったきっかけは、スルガ銀行からの巨額の融資が通ったことにある。銀行が融資を決めたなら安心できると思った。だが、実際の投資スキームには、中抜きや自転車操業の事実があったのだ。投資が破綻すれば損害を被るのはスルガ銀行のはず、であるのにそれらに気づかないわけがない。私の頭の中では、平山の「スルガ無くして成り立たない投資スキーム」という言葉が離れなかった。

二人の行員は社交辞令的に頭を下げた。

「いえ、こちらこそ連絡ができておらず申し訳ございませんでした」

「早速こちらをご覧ください、私の物件の状況と今後の再建計画についての資料です」

私は二人へ『賃貸事業再建計画書』を用いて説明を始めた。そこには、契約時のレントロールとSDからの家賃収入の減額による現状との収支の乖離、スルガ銀行が金利交渉に応じない場合、自己破産せざるを得ない可能性が高いことを記載しておいた。そうなった場合、スルガ銀行にもメリットはなく、

「生かさず殺さず」で金利を下げることが一番の得策であると屈辱感を持ちながらも冷静に説明した。

だが、返ってきたのは、金利引き下げの決裁は本部で行なうため、自分達には権限がないという回答だった。何のための面談だ。そう言いたくなるのを我慢して、でき得る限り前向きな交渉を進めようとした。

「でしたら、この資料を使って稟議書を書いてもらえませんか。この金利のままだと、シェアハウスが回っていかないんですよ」

稟議とは、簡単に言ってしまえば自身の権限で決定できない事項について、その事項内容を説明する文書を、権限を持つ上層部へと回覧させる手続きのことである。つまり稟議書は、その文書を指している。

「わかりました、本部に稟議を上げるようにはいたします」

「それから、SDのサブリース減額通知を知らせる手紙にはスルガさんと金利引き下げ交渉の話はついていて、SDの方からも、直接10月29日には審査が終わっていると聞いていたんですけど?」

「そのような噂があることは存じていますが、実際に金利交渉の結果が出たとは聞いていません」

「……そうですか。では、稟議結果はいつごろに出ますか?」

「いや～、それは何とも言えませんね。審査案件数にもよりますし、稟議書作成の時間も必要ですから」

「わかりました。……何とか早めの作成をお願いします」

「急がせてはいただきますが、同様の面談が立て込んでいて……お約束はできませんね」

はらわたが煮えくり返る思いだった。ＳＤもスルガ銀行も言行不一致が当たり前、この面談でも何ら確約をせず、こちらの要求をのらりくらりとかわす有様であった。融資額と実際の建物の価値の乖離にも、何の説明もない。

「なんとか、お願いします」

私は頭を下げた。お前達も騙した側のくせに。そう怒鳴りつけたかったが、今は目の前の二人にすがるよりなかった。

死の影

12月31日、例年であれば家族と共に妻の実家がある新潟に帰省しているはずであるが、私は一人さびしく東京の自宅にいた。

食卓には妻お手製の料理が並び、テレビからは賑やかなタレント達のはしゃぎ声が聞こえてくる。だが、その音は、耳にまともに入ってこなかった。

スルガ銀行への訪問から何一つ進展がなかった。物件の売却先は見つからず、金利交渉に至っては始まってもいない。私は身も心も消耗し切っていた。平山と面談してからの帰り道で燃やした闘志は、どこかへいってしまったようだった。

ふと、冷蔵庫からビールを出して飲んでみたが、一口目で吐き出してしまった。アルコールはおろか、最近は何も喉を通らない。前ならば、ダイエットで1キロ減らすにも随分と苦労していたのに、体重は僅か2カ月程で5キロ近く減少していた。

「投資失敗ダイエットか……」

自嘲気味に呟いて、ビールをシンクに流した。

「どうしてこんなことに……」

何度目かわからない後悔の言葉が口をついた。ほんの少し、家計を楽にしようとしただけなのに。もしこのまま多額のローンだけが残ったらどうなるだろう？　これまで通りの生活は送れない。この家も手放すことになるかもしれないし、子ども達は進学をあきらめるどころか、学校を辞める羽目に追いやられてしまうだろう。耐えられるだろうか？　到底無理だ。

「そうだ……団信があった」そう呟いて、私はふらふらと寝室に向かい融資資料を探し始めた。

団信とは、団体信用生命保険の略称。返済が長期にわたる住宅ローンなどでは必ず入るようになっている。返済中に借主が死亡したりした場合、保険金により残りのローンが弁済される保障制度だ。

「ちょうど1年が経っている。今なら、自殺でも大丈夫だな……」

頭の中では、死して詫びるという一文が浮かんでは消えていた。ＳＤやスルガ銀行との闘いに闘志を湧かせていたものの、ＳＮＳなどで調べを進めていくにつれてそれが絶望的なものに感じつつあった。同様の被害にあった人の多くは泣き寝入りをするか、闘っても相手の資金力や長期の裁判の前に疲弊して敗れ去ってしまっていたからだ。

同時に、投資に失敗したことによる「自己責任」との意見も多く目についた。私は、今回の一件を投資ではなく、スルガ銀行とSDが共謀した詐欺だとの思いがあったが、何度も目にしたその「自己責任」という言葉に自信を失いかけていた。

「飛び降り……いや、それだとマンションの住人に迷惑が……山奥……海とか……」

すでに自殺をする場所すら考え始めた時に、電話の鳴る音が聞こえてきた。

「もしもし？　あんたが家に一人でいるって聞いて電話したんだよ」

「母さん……」

受話器の向こうから届く母の心配そうな声が、私に冷静さを取り戻させた。

「ちゃんと食べてるかい。あんたは昔っから一人でいると何も食べないんだから」

「ハハ、それは昔の話だろ。今は大丈夫。そんなことはないよ」

「それで、なんでみんなと一緒に行かなかったの？」

「仕事が立て込んじゃって、今日もまだやってるんだ」

母も含めて心配をかけまいと、妻以外の身内には誰一人として自身の現状を明かしていなかった。

「そう……正月まで仕事だなんて大変だね」

「大したことないよ……」

「無理するんじゃないよ？　身体壊したら元も子もないからね」

「ああ」

「それと、拓人のお墓参りも落ち着いたらしてあげてね」

母の言う拓人とは、８歳違いの従兄弟である。バスの整備士だった彼は2週間前、バスを整備している際に運転手が誤ってエンジンをかけてしまい、バスの駆動部に巻き込まれて死亡していた。

あまりにも突然だった彼の死は、私にも大きな衝撃を与えていた。仕事と今回の事態で、帰省して葬儀に出席することができなかったが、とても心が重くなる出来事だった。

「ああ、もちろん行くよ」

「もう、おばさんは泣いて泣いて可哀そうだよ。拓人ももちろん可哀そうだけど、残された家族も本当に気の毒だよ」

雷に打たれたような気分だった。確かに自分が自殺すれば、経済的な問題は解決するかもしれない。しかし、心はどうだろう。妻や子ども達は悲しむだろうなぁ程度にしか考えが及んでいなかった。従兄弟の家族の状況を聞いた今、それで片づけられるだろうか。何より母はどうなるだろう。息子が死に、後になって投資問題で悩んだ末のことだと知ったら？

「……死ぬ気になったら、人間なんだってできる」

「え？　なに？」

「いや、なんでもないよ。ありがとう、来年はきっと行くから」

「……わかったよ。ご飯はちゃんと食べてね」

電話を切ると、猛然と妻の手料理を食べ始めた。何度も吐きそうになりながら、必死に胃袋へ詰め込んだ。それは生きるための決意であり、新たなる闘いへ向けた備えでもあった。

「死ぬ気になったら、人間なんだってできるのにねぇ」

今は亡き祖母の言葉だった。私が中学生くらいの時に一緒に、無理心中か何かのニュースを見ていた時に発せられたものであると記憶している。その時、私は「死ぬなんてもったいない。俺は何があっても絶対に自殺なんかしない」と豪語した。

「そうだよ。こうすけ」忘れかけていた大好きな祖母との記憶が、鮮明に蘇っていた。

「ばあちゃん、俺に力を貸してくれ！　俺は死ぬ気でやるぞ！」

寝室にある祖母の遺影へ私は強く誓いを立てた。


為せば成る為さねば成らぬ何事も、成らぬは人の為さぬなりけり

私の座右の銘の一つを改めて思い出していた。


これは江戸時代、財政崩壊の危機にあった米沢藩を立て直すために尽力した、藩主上杉鷹山が残したもので『やればできる、今できていないのはあなたの努力が足りていないだけだ』という意味の教訓だった。

「やってやる！　俺はやらないことを後悔したくない！」

少し前までの弱い気持ちは、完全にかき消えていた。

第三章　覚悟

年明けの2018年1月4日、一人で過ごす私を心配して実家から例年よりも早く妻は戻って来た。そして、子ども達が寝入った頃、リビングで二人は向かい合っていた。

「……俺達、離婚しよう」

私から切り出した。正月から一人、何度も考えた末の台詞だった。

このままいくと最悪の場合、自己破産となることもあり得る。そうなったら私の名義である家は取られてしまうだろう。だから、離婚して家を慰謝料として妻の所有に書き換えてしまおうという考えからだった。

自己破産直前にそれを行なうと、偽装離婚を疑われる可能性がある。そのため早めに離婚し、2～3年ほど耐えてからの破産とする。そうすれば家は妻に残る。私自身はシェアハウスに管理人として住めばいい。

妻は予期していたのか冷静だった。

「一緒に相談しにいった友達いるでしょ？　平山さん。実は彼にも離婚を考えたほうがいいって言われていたの。子ども達のこともあるからって……」

「そうか……正しいアドバイスだと思うよ」

「でも」

妻はまっすぐに目を見ていた。

「嫌いになって別れるんじゃないわ」

「俺もだよ、君のことも子ども達のことも、愛している」

「ねえ、別にシェアハウスに一人で住まなくてもいいんじゃない？　一緒に――」

「いや、後々に色々調べられたりした時のことを考えよう。偽装離婚はダメだ。そんなに甘い話ではないと思う。住民票も移さないと……中途半端なことをして家を無くしたら元も子もない。お前は、平山さんに弁護士のこととか相談するといい」

「……わかった。……嫌いになったんじゃないからね」

「ああ、もちろんだ」

気丈な妻の姿が、胸を打った。俺のせいだ、本当にすまない。何百何千回と繰り返した謝罪の言葉が、尽きることなく湧き上がってくる。そして、それでもなお自分を支えてくれる妻の存在に感謝してもしきれなかった。

この時に、私は家族、つまり自分の仲間の大切さを痛感した。一人ではつぶれてしまう、けれど仲間がいれば耐えられる。現に私は、自殺や離婚といった窮地に際しても踏みとどまることができた。

「……仲間だ」

ＳＤ、女川の不動産会社、そしてスルガ銀行。自分をこんな目に追いやった立ち向かうべき敵の存在がほんの少しだけ小さくなったように思えた。

自分のそばに、おぼろげながら共に立つ仲間達の姿が見えた気がしたからだった。

悪の連帯

妻へと離婚を打ち明けてからしばらく経った1月13日の土曜日の昼間、郵便局員が２通の手紙を届けてくれた。

「……なんだ、これ？」

その内容を見た私が、そう呟くのも自然なことだった。

手紙に書かれていたのは、待ちに待った「オーナー様向け説明会」の告知であった。１回目はすぐ先の1月の17日、２回目は20日の開催を予定していた。

ところが、両日ともに同様の内容であり、オーナー多数の出席による混乱が見込まれるため、どちらか一方のみの参加とするようにとも書かれていたのだ。

「バカにして……そうはいくか。俺は他のオーナーと会って仲間を作りたいんだ。絶対に両方出るぞ。……それにしても」

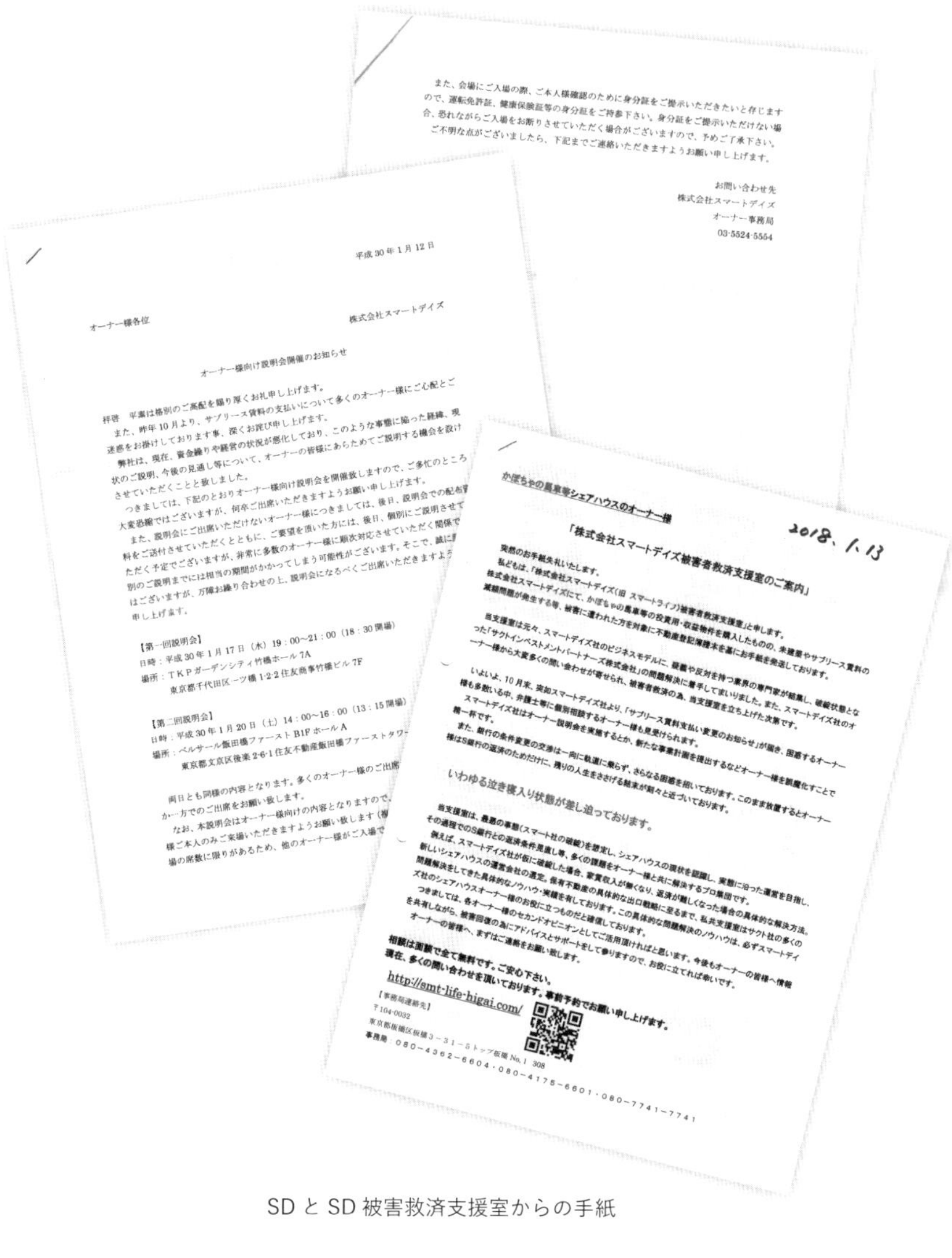

また、会場にご入場の際、ご本人様確認のために身分証をご提示いただきたいと存じますので、運転免許証、健康保険証等の身分証をご持参下さい。身分証をご提示いただけない場合、恐れながらご入場をお断りさせていただく場合がございますので、予めご了承下さい。
ご不明な点がございましたら、下記までご連絡いただきますようお願い申し上げます。

お問い合わせ先
株式会社スマートデイズ
オーナー事務局
03-5524-5554

平成30年1月12日

オーナー様各位

株式会社スマートデイズ

オーナー様向け説明会開催のお知らせ

拝啓　平素は格別のご高配を賜り厚くお礼申し上げます。

また、昨年10月より、サブリース賃料の支払いについて多くのオーナー様にご心配とご迷惑をお掛けしております事、深くお詫び申し上げます。

弊社は、現在、資金繰りや経営の状況が悪化しており、このような事態に陥った経緯、現状のご説明、今後の見通し等について、オーナーの皆様にあらためてご説明する機会を設けさせていただくことと致しました。

つきましては、下記のとおりオーナー様向け説明会を開催致しますので、ご多忙のところ大変恐縮ではございますが、何卒ご出席いただきますようお願い申し上げます。

また、説明会にご出席いただけないオーナー様につきましては、後日、説明会での配布資料をご送付させていただくとともに、ご要望を頂いた方には、後日、個別にご説明させていただく予定でございますが、非常に多数のオーナー様に順次対応させていただく関係で別のご説明までには相当の期間がかかってしまう可能性がございます。そこで、誠に はございますが、万障お繰り合わせの上、説明会になるべくご出席いただきますよう申し上げます。

【第一回説明会】
日時：平成30年1月17日（水）19：00～21：00（18：30開場）
場所：ＴＫＰガーデンシティ竹橋ホール7A
東京都千代田区一ツ橋1-2-2住友商事竹橋ビル7F

【第二回説明会】
日時：平成30年1月20日（土）14：00～16：00（13：15開場）
場所：ベルサール飯田橋ファースト B1F ホールA
東京都文京区後楽2-6-1住友不動産飯田橋ファーストタワー

両日とも同様の内容となります。多くのオーナー様のご出席 か一方でのご出席をお願い致します。

なお、本説明会はオーナー様向けの内容となりますので、様ご本人のみご来場いただきますようお願い致します（ 場の席数に限りがあるため、他のオーナー様がご入場で

かぼちゃの馬車等シェアハウスのオーナー様

2018、1.13

「株式会社スマートデイズ被害者救済支援室のご案内」


突然のお手紙失礼いたします。

私どもは、「株式会社スマートデイズ（旧 スマートライフ）被害者救済支援室」と申します。

株式会社スマートデイズにて、かぼちゃの馬車等の投資用・収益物件を購入したものの、未建築やサブリース賃料の減額問題が発生する等、被害に遭われた方を対象に不動産登記簿謄本を基にお手紙を発送しております。

当支援室は元々、スマートデイズ社のビジネスモデルに、疑義や反対を持つ業界の専門家が結集し、破綻状態となった「サクトインベストメントパートナーズ株式会社」の問題解決に着手してまいりました。また、スマートデイズ社のオーナー様から大変多くの問い合わせが寄せられ、被害者救済の為、当支援室を立ち上げた次第です。

いよいよ、10月末、突如スマートデイズ社より、「サブリース賃料支払い変更のお知らせ」が届き、困惑するオーナー様も多数いる中、弁護士等に個別相談するオーナー様も見受けられます。

スマートデイズ社はオーナー説明会を実施するとか、新たな事業計画を提出するなどオーナー様を誤魔化すことで精一杯です。

また、銀行の条件変更の交渉は一向に軌道に乗らず、さらなる困惑を招いております。このまま放置するとオーナー様はS銀行の返済のためだけに、残りの人生をささげる結末が刻々と近づいております。


いわゆる泣き寝入り状態が差し迫っております。


当支援室は、最悪の事態（スマート社の破綻）を想定し、シェアハウスの現状を認識し、実態に沿った運営を目指し、その過程でのS銀行との返済条件見直し等、多くの課題をオーナー様と共に解決するプロ集団です。

例えば、スマートデイズ社が仮に破綻した場合、家賃収入が無くなり、返済が難しくなった場合の具体的な解決方法、新しいシェアハウスの運営会社の選定。保有不動産の具体的な出口戦略に至るまで、私共支援室はサクト社の多くの問題解決をしてきた具体的なノウハウ・実績を有しております。この具体的な問題解決のノウハウは、必ずスマートデイズ社のシェアハウスオーナー様のお役に立つものだと確信しております。

つきましては、各オーナー様のセカンドオピニオンとしてご活用頂ければと思います。今後もオーナーの皆様へ情報を共有しながら、被害回復の為にアドバイスとサポートをして参りますので、お役に立てれば幸いです。

オーナーの皆様へ、まずはご連絡をお願い致します。

相談は面談で全て無料です。ご安心下さい。

現在、多くの問い合わせを頂いております。事前予約でお願い申し上げます。

http://smt-life-higai.com/

【事務局連絡先】
〒104-0032
東京都板橋区板橋3－31－5トップ板橋No.1 308
事務局：080－4362－6604・080－4175－6601・080－7741－7741

SDとSD被害救済支援室からの手紙

2通の手紙の差出人の名に目が行った。一方はSDからで、説明会の案内が入っている。そしてもう一方は、「SD被害救済支援室」。あの千葉が所属している団体名が差出人として記されていて、SD被害救済支援室の案内が同封されていたのだ。千葉とはその後何度か電話でやりとりをしていたが、やはり胡散臭いという思いは拭えず、自身で解決すると断りを入れていた。千葉も、これ以上話しても収穫はないと判断したのか連絡をして来なくなっていた。

私はすぐに電話をかけた。昨年の11月11日、サブリース減額についての説明を聞きに行った際、対応したSD執行役員の新川にだ。

「もしもし、冨谷です。今、説明会の案内が届きました。やっと説明会の開催を決断してくれたんですね。ありがとう」

「はい、やはりオーナー様へ現状を説明すべきという話になりまして、急ではありますが――」

「それで、案内には2日開催のうち一方だけの参加をお願いしますってあるんですけど、私はこの両方に出させてもらいますね」

「申し訳ございません。多くのオーナー様にご出席いただくために、どちらか一方でお願いします」

「席が無いなら立ち見でいいです。必ず行きますから何とかしてください」

「申し訳ございません。ルールですので致しかね――」

「ルール？　ふざけたこと言わないでくださいよ新川さん」

電話を握る手に力がこもった。冷ややかな怒りが湧き上がってきていたからだ。

「そもそも御社がルールを守ってるのか？　これまで俺になにしてきた？　一個ずつあげようか？　すぐ始まるとか言ってた金利交渉、全然音沙汰ないんですけど……　あと財務三表、一向に見せないが俺が忘れてると思ってるのか？　いつまで許可取るのに時間かかっているんだ？　それに比べたら説明会に2回参加するくらい、融通を利かせてくれてもいいんじゃないか？」

「……わかりました」

「わかったんだな。それとね、御社から届いた手紙と別に、もう一通手紙が届いてるんだけど、どこからかわかる？」

「いいえ、わかりません」

「SD被害救済支援室からだよ。同じタイミングで郵便局から届くなんて変じゃないか？　顧客情報を流しただろ」

恐らく、顧客情報を基に事務的に発送したのだろう。でなければタイミングが良すぎるし、千葉がわざわざ脈無しと判断した私に送ってくるはずがない。

「そのようなことはしていまー」

「じゃあ、どうして説明会を開催するって連絡があってすぐ、こんなものを送ってくるの」

「……存じません。ともかく、顧客情報を流すなどということはしておりません」

「そうか、わかった。とにかく2日とも行くから。頼むね」

「……かしこまりました」

電話を切ると、説明会のことと並行して、顧客情報の漏洩について思案した。

「嘘かどうかは置いといて……漏れてるのは間違いないよな。SD被害救済支援室も……敵側だな……」

私の、SDとスルガ銀行がグルであるという考えは、平山との面会以来、調査を進める中で確信に変わっていった。しかし、今回の件で、そこにSD被害救済支援室までもが加わることになってしまった。千葉には不信感を抱いていたものの、まさか救済を謳う組織までもが元凶達と手を取り合っているかもしれないという事実は、少なからずショックであった。

「二次被害を狙った詐欺……」

ネットで何度か見かけたその文面には、佐藤太治という名が必ず連なっていた。

複数の詐欺事件で有罪判決を受けている前科者で、かつてはSD（スマートデイズ）の前身、SL（スマートライフ）の代表者だったこともあった。

佐藤太治とSD被害救済支援室は裏でつながっている？　確証はない。だが、少なくともそう考えて動くべきだと思えてならなかった。

秘策

第1回の説明会当日。その朝は、しっかりと眠り体調を整えた万全の状態でなく、L判の写真紙にひたすらコピーを続け、切り分けながら迎えていた。その数200枚、印刷していたのは私のLINEのQRコードであった。

仲間を作りたい、だがどうやって？　当初から抱えていた難問であった。出した答えは、説明会でリーダー的な役割を果たすオーナーを見つけ、その人についていくというものだった。

自分には不動産の知識は乏しく、先頭に立ったところで、皆を引っ張っていくことなどできない。そう結論付け、早めにベッドに潜って説明会に備えることにした。

だが、眠りはなかなかやって来てくれなかった。いざ、リーダーシップのある者へついていくと決めたものの、時間が経つにつれてこの判断に疑問を抱くようになっていた。

リーダーシップをもつ者がいなかったら？　そうなれば、折角の仲間を得る機会をみすみす逃してしまうことになる。再び説明会があるとは限らない。あったとしても、参加者がぐんと減ってしまう可能性だってある。

「……だめだ」

深夜にベッドから出て、携帯電話と水の入ったペットボトルを側に置き、どうしたらいいかパソコンに向き合いながら必死に考えた。説明会の前には当然出社しなければならない、時間が無い。

「……名刺交換？」

空が白み始めた頃、目を充血させ今にも寝落ちしてしまいそうになりながら、ふと呟いた。会社員として過ごしてきて、連絡手段を知るのに最も親しんだ媒体である。

「いや……だめか？」

だが、次の瞬間には再び頭を抱えて呻いていた。名刺を配ったとして、問題はその後についてだった。メールアドレスや電話番号は交換できたとしても、その後の管理をどうしたらいいかがわからない。

オーナーは８００人ほどとＳＤの社員は言っていた。それだけの人数を相手に電話とメールだけでやりとりをするというのは現実的ではない。

何より、素性の知れない人間にいきなり会社の名刺に連絡を欲しいというのも難しい話だった。二次被害を狙った詐欺のことをネットで見たばかりである。不本意だが、自分も千葉のように見られてしまうかもしれないという不安も私にはあった。

「リーダーが現れる方に賭けるしか……」

その時、携帯電話が振動した。ＬＩＮＥに何かの広告が載ったのだ。それを見て忌々しく思い、ほとんど八つ当たりのようにソファに投げつけようとした。

「……待てよ？」

ハッとしてその寸前で思いとどまり、携帯電話に表示されているアプリを食い入るように見始めた。どんよりしていた瞳が開かれ、らんらんと輝きだしていった。

「そうだ……ＬＩＮＥだ！」

このアプリであれば、グループを作ってそこで意見の交換を自由に行なうことができる。使い方もシンプルで、怪しいと思った相手ならすぐにブロックして連絡を絶てるため気軽に登録可能であり、今回の事件について話し合うには打って付けだった。

だが、問題があった。ＬＩＮＥでつながるためにはＩＤの交換が必要だ。自分もそれほど慣れているわけではなく、せいぜい家族や数人の友人とやりとりをする程度。登録だけで時間がかかってしまい、説明会が終わるまで10人交換できれば御の字となってしまうだろう。

「そうだ、ＱＲコードだ！」

ひらめきが私に降りてきた。ＬＩＮＥのＩＤをＱＲコードにし、読み取ることで交換が可能だと教えてもらったことがある。急いでパソコンを開き、紙にそれを印刷して読み取り可否を確認した。

「読めるぞ！」

時間が無い、すぐにでも印刷しなければ。そう思い立ったが、それでもまだ躊躇する気持ちが残っていた。

自分のＱＲコードを配布してしまえば、オーナーばかりかＳＤや千葉のような輩にも大々的にその存在が知られてしまうかもしれない。個人情報が晒されるのは、とてもではないが耐えられない。

リーダーシップのあるオーナーが現れることに賭けるか？

自分のＱＲコードを配布すべきか？

迷いは一瞬だった。猛然とパソコンで作業を始め、１時間もしないうちに名刺サイズのＱＲコードが印刷されたカードを完成させていた。

私が望むような人物がいれば、カードは出さないままでいればいい。それよりも、最悪の状況を想定して備えるべきだと判断したのだ。俺がやろうとしていることは、仕事の時には普通に考えているBCP対策（事業継続計画）と一緒じゃないか。これは決して無駄にはならない、込み上げる不安へそう言い聞かせていた。

誠意なき説明会

1月17日の夜、都内の貸し会議室の会場で、200人のシェアハウスオーナーを前にしたSDによる第1回の説明会が開かれた。

その内容はお粗末の一言に尽きた。備え付けられた壇上には、SDの社長であるはずの、大地則幸の姿がなかった。代わりに2017年8月に資本提携を行なったオーシャナイズ社長の菅澤、SD財務部門の担当役員である赤間、弁護士の中村、そして今後新会社を立ち上げ、管理を引き継ぐことを考えている企業アパマンの社員が並んでいた。

菅澤は、大地はすでに辞任しているためこの場への出席の義務はなく、自分は再建のために力を注いでいると説明した。

当然、参加したオーナー達は反発した、シェアハウス投資計画の責任者であった大地が姿を現さないなどということは、到底受け入れられるものではなかった。あちこちで、大地を連れて来いとの要求の声が上がった。

だが、抗議の声を無視して、菅澤は今後の流れについて強引に話を進めていった。

まず今月よりすべてのオーナーへ、サブリース料を支払うことはできなくなること。そして、年末来説明していたスルガ銀行との金利引き下げ交渉の話は全く目処が立っていないということを説明した。

この場にいるアパマンの社員が新しい管理会社スプリングボードを設立し、そちらへSDのシェアハウス業務を引き継ぐことになる。その際に、サブリースの形態をレベニューシェア型（管理するシェアハウス全体の入居率に応じた支払い）へと変更する。

また、この新管理会社には、SDのサブリース賃料に関する問題を引き継ぐ責任は発生しない。契約を移管する条件としてSDへの一切の債権請求の放棄が必要であることが説明された。後ほど覚書と新運営会社の契約書を配るので、署名捺印の上、提出して欲しい。そう菅澤は締めくくった。

当然、オーナー達は更なる怒りの声を上げた。サブリース料の支払い停止に加え、スルガ銀行との金利引き下げ交渉が全く進んでいない事実は、到底許容できるものではなかった。これでは結局、収入が無いのにローンだけを支払う羽目になってしまう。

新管理会社の設立というのも、要は体よく責任逃れをしようとしていることに他ならなかった。レベニューシェア型管理と言えば聞こえはいいが、全体の入居率での支払いは永遠に満室にならないことと同義だった。これでは全シェアハウスが満室とならない限り、必ずどこかに空き室が存在してしまうことになる。その証拠に、ＳＤがスクリーンに提示したサブリース料は1室あたり2〜3万円しかなかった。たとえシェアハウスを満室にできても、スルガ銀行へのローン支払額の半分にも満たない。

第一、ＳＤへの債権請求の放棄を条件としていることが、ＳＤ側に非があり、そこを突かれたくないのだということを雄弁に物語っていた。これはオーナーに向けた説明会などではなく、自分達の責任逃れのために開かれた茶番に過ぎなかった。

菅澤らの態度も言語道断だった。謝罪よりも、自分達が被った損害を強調することに熱心で、まるで自分達も被害者の一人と言わんばかりであった。

数日後に開かれた2回目の説明会も、ほとんど内容は同じだった。誰の目にも、ＳＤが逃げ切りを図っていることは明らかな事実であった。

誠意なき説明会の後、私はＬＩＮＥのＱＲコードが印刷されたカードをオーナー達へ必死に配りまわった。

全オーナーをまとめるリーダー的な動きをする人物はとうとう現れなかったからだ。彼らはみな自分と同じく平凡な勤め人であり、ＳＤに怒りは表せても、先導して音頭を取ろうとまでする激しさのある者はいなかったのだ。

誰もがこれからどうなるか、自分の生活はどうなるかに必死で、オーナー達をまとめ上げてスルガ銀行へ闘いを挑むための組織づくりをしようとする者はいないようであった。

「私も被害者です。まずは被害者でつながりませんか。このＬＩＮＥのＱＲコードにアクセスしてください。話し合いましょう。よろしくお願いします」

一人ではやはり闘えない。再び確信し、大きな声でひたすらにＱＲコードを配り続けた。２００枚あったＱＲコードはすべて手元から消え、２日間にわたって開かれた説明会の総参加者４００名のうち、その半数へとＱＲコードを配ることができた。

その日のうちに、ＳＤの説明会はニュースとしてテレビで放映された。画面に躍る「巨額の被害」、「８００人を超える被害者のオーナー達」、「破産」の不安をあおる文字。

だが、私は別のことに目を奪われていた。私が配ったＱＲコードにより、すぐさまたくさんのオーナー達がＬＩＮＥに投稿を始め、積極的な情報交換が行なわれ始めたのだ。

１００人のＬＩＮＥグループ

10、１００、１０００を超える様々な意見が、ＬＩＮＥ上で交わされていった。

主だったものには、今回の詐欺は「ポンジ・スキーム」と呼ばれるもの。アメリカに実在した同名の詐欺師によって考案された方式で、出資を募り運用益を配当金として支払うと言いながら、実際は運用を行わず、新しい出資者からの出資金を配当金として支払い続ける。破綻を前提としたものであり、ＳＤのシェアハウス建築による自転車操業がこれに該当しているという主張。

ほぼ全員が同じ手法でシェアハウススキームへと招き入れられ、一様にスルガ銀行横浜東口支店がローンの契約先であったという指摘。

「同じだ……」

説明会の疲労も吹き飛び、ＬＩＮＥを食い入るように見て、自身でも現状報告やこれまでに調べたことの報告、そして意見を書き込んでいった。

これほどまでに多くの意見が交わされた背景としては、部外者からの閲覧が困難であることもあったが、基本としてＬＩＮＥ参加者は説明会に参加していたオーナー達であることが大きかった。

彼らの多くも私と同じく一人で不安を抱えていて、同じ立場におかれた人間を欲していた。このＬＩＮＥグループは、願ってやまなかった本音をぶつけられる場所であり、仲間とつながることができる絶好の場所として登録者数を徐々に増やしていった。

そして、それは私自身が一番願っていたことであった。

「二つ以上の通帳を提出するように言われた人いますか？」

「はい、俺」

「わたし」

「あれさ、どうも改ざんのためだったって話があるんだ」

「マジで？」

「白紙の出金伝票書かされたでしょ？　あれ三為取引のためらしくて」

「あっ俺書かされた」

「3枚書いた」

「なんかおかしいと思ったけど、銀行員が必要だって言うから俺も書いた」

「三為って何のことですか？　詳しく教えてください」

「要は転売のことっぽい。第三者のための中間省略登記っていうやつなんだけど、不動産仲介の場合、不動産屋に入る手数料は本来3％＋6万円って決まっているんだ。でもそれ以上儲けるために不動産業者が売主になることで、直接取引になるから仲介手数料をはるかに超える利益を取れるらしい。でも普通売主になるためには不動産の所有者から不動産屋が一回買わないといけないでしょ？　事前にお金がいるの。でも三為だと、不動産屋が売り先を見つけてきてから、中間の売り買いも含めて同時に一度でやっちゃうんだって。それで、元手無しで普通の不動産取引よりも多額の儲けを取っている」

……サイトからの丸コピですけど」

「今回はＳＤを含んで複数の会社が更に間に入っていたらしい」

「これに佐藤太治が関わっているとか」

「本当ですか？」

「誰？　佐藤太治って？」

「口座に直接入る取引だと、佐藤の関与がわかっちゃうから、こうして隠してたっぽい」

「佐藤太治ってヤバい奴なの？」

「はじめまして。この事件をちょっと調べていた者です。昔『ビデオ安売り王』ってあったの覚えています？　あっという間に広まってあっという間につぶれちゃったやつ。計画倒産だったみたいで、あれのオーナーだったやつです。詐欺とかで何度も捕まっているから、銀行はそういうやつと表だって取引できない。そこで、ＳＤに社名変更して佐藤太治との関係を隠そうとしたみたいです。社長の大地はお飾りの操り人形みたいですね」

「白紙の出金伝票は、口座に振込先が記載されないようにするためらしい。そこから現金引き落としをして、中間で搾取する会社で山分けするためだって知り合いの業界人から」

「ちょっと待って？　白紙の出金伝票を書けって言ったのスルガの行員だよね」

「そうそう、行員が書いてくれって。俺の時はすごい強引だった」

「ってことは、スルガはこの三為取引も佐藤太治が絡んでいたことも知っているってことじゃん」

「知っているどころか、それって共犯じゃない？」

「通帳つくるのにすごい時間かかんなかった？　俺は3カ月も待った。どうも、この取引を隠すために通帳を作って、渡すのを故意に遅らせていたらしい」

「フリースタイルローンっていう名称の多目的ローン組まされた。これさ、銀行法違反の歩積み両建て預金っぽいんだけど？　金利の高いローンを多めに貸しといて、金利の低い定期に預けさせる。で、実際は引き出せないようにするやつ。定期だから引き出せないとか俺は言われたんだけど」

「私も！」

「金利７・５％！　どんだけだよスルガ！　金利で儲けるつもりじゃないか！」

「俺も、これ強制された！　しかもさ、団信の保障額が融資総額に足りないって、別の生命保険にも入らされたんだけど」

「うわあ……すげぇ」

「マジかよ……」

「２０１６年の12月に購入したものです。この時はもうスキームは後期だったみたいですね……佐藤太治は完全に裏に回っていて、スルガはノルマ達成のために詐欺の片棒を担いでいたらしいです」

「スルガ主導説を主張。ＳＤ社員の話ってネットで見たんだけど、ＳＤはスルガのノルマから逆算して、シェアハウスの販売計画立てていたらしい。スルガが貸したい金額に合わせてシェアハウスの規模と値段が決まって、逆算でつじつま合うように賃料決めていたとか」

「私は、建設中に知り合いの詳しい友人に見てもらったんだけど、やっぱり家賃が高過ぎると言われました」

「確かにシェアハウスにしては高過ぎた。家賃保証に騙されて買っちゃったけど、最初から仕組まれた詐欺ですよね」

「私のはシェアハウスじゃなくて簡易宿泊所なんですけど、なんか買った土地の認可が下りないとか言われている。どういうこと？」

「彼らはそれをわかって売った？」

「私は未建築なんですけど、ＳＤがこんな状況だし、シェアハウス建てるのをやめてくれって建築会社に伝えたら、なんか契約違反だとかで訴訟するって通知が来た。これってマズイですよね？」

「いや、なんで訴訟？」

「わけわかんない。こっちはオーナーなんですけど」

「ＳＤへのキックバックが5割とか聞いて笑えない……」

「もっと笑えないのは、サブリース賃料支払い停止してからも、キックバックは続いていたという話」

「つーか、俺のなんか、ＳＤからの部材が届かなくて建築が止まっているんですけど」

「売ろうとしたら、購入額の半分でも買い手がいないとか言われた……死にたい」

「簡単にまとめるとこんな感じ？ＳＤは、シェアハウスを中間搾取で2倍近い値段で売る。スルガ、それを買う用の資金をオーナー（私達）に融資。融資金額が多ければ多いほどスルガは儲かる仕組み。建築会社は、スルガから振り込まれた建築費用の半分くらいをＳＤにキックバックで払う。それでこのままＳＤ倒産ってなったら全部持ち逃げされちゃって、私達には借金だけが残る」

「被害額は平均1件当たり1億5000万円くらいかな」

「これ自己破産しかないかな……」

「SD被害救済支援室というのがあります」

「自分では解決できないと思い、私はもうお金を払いました」

「あそこ高くない？　俺も頼もうかなと思ったけど、応対した奴が胡散臭かったなあ、千葉とかいうやつ」

「いや、でもサクトで実績あると言っていました」

LINEには私にも覚えのあることが数多く呟かれていた。

「やっぱりスルガが……」

知っていた情報、薄々そうではないかと思っていた情報、知らなかった情報。それらを前に、私は事の大きさと闇の深さを痛感していた。

SD、スルガ銀行、不動産会社、建築会社。一つとしてオーナーを顧客として見ていた者はいない。ただ、カモとしていかに搾り取るかだけに熱心で、巧妙な詐欺の罠へ彼らを誘っていたのだった。

自己破産しかない

あくる日の夜、正月気分もすっかり抜けた街中を、身を縮めて歩いていた。退社してから寄り道をした後でのことだった。

寄り道先はとある弁護士事務所。SDとスルガ銀行によるシェアハウス詐欺のことを訴え、助けを請うた初老の弁護士は淡々と告げた。

「自己破産するしかなさそうですね」

私には耳にたこができるほど聞かされた言葉であった。自己破産という解決方法ではなく、一緒にスルガ銀行と闘ってくれる弁護士を探しているのに、誰もが異口同音に自己破産を勧めてきた。

私が自己破産を拒む理由は、自己破産をすると信用情報機関のデータベースに事故情報が登録され、様々な金融審査が通らないということが起こる。俗にいう「ブラックになる」と呼ばれる状態である。

そうなると、自己破産から一般的に7年ほどはクレジットカードが使えない状態となり、会社貸与のコーポレートカード（法人のクレジットカード）も使えなくなり仕事への影響が無視できなくなる。間違いなく職場にも自己破産したことがバレてしまうからだ。

そのこと以上に恐ろしいのは、ローンがもうすぐ終わろうとしている自宅の担保権を実行されて、処分の対象となってしまうことだ。終の棲家を奪われることはどうしても納得できなかった。第一、悪いのはスルガ銀行のはずなのだ。

「そうすると、手続きに……」

初老の弁護士は、我関せずと自己破産する場合の費用について説明を始めようとしていた。

ＬＩＮＥでは、連日話し合いと情報交換が行なわれる中、誰からともなく弁護士が必要だという意見が出るようになっていた。それはオーナー達皆の総意だった。相手は企業と銀行、自己破産をするにしろ、闘うにしろ会社員がほとんどの被害者集団では、法律知識や手続きに限界がある。伝手がある者、とりあえず近場の事務所に駆け込む者、それぞれが弁護士を探して動き出した。

ところが、早々にそれは暗礁に乗り上げていた。ＬＩＮＥに呟かれるのは、どの弁護士も親身になってくれないという嘆きであり、既に私が体験したものと同様の体験の積み重ねであった。

「５人当たって、５人自己破産しろって言ってきた」

「ＳＤに一緒に行くだけで20万円とか……それでなにも確約できないとか。これが普通？」

弁護士と言えば、映画やドラマで見るような法律知識に精通するスーパーマンを大体の者は思い描く。しかし、実際にはそんな弁護士にはなかなか出会えない。

司法試験は国家試験の中でも最難関と呼ばれるものの一つで、弁護士資格はその試験に合格し、１年間司法修習を経てからの２回試験にも合格せねば得られない。裁判官、検察官と合わせて「法曹三者」とも称され、法律系国家資格でも最高峰に位置している。

だが、それだけではまだ免許を持ったに過ぎない。そこから実際に弁護士として活動し、実績をあげて初めて優秀な弁護士となる。医者や教師と同じで、免許を持っているのは同じでも、手腕にはそれぞれ大きな差があると私は考えていた。

また、依頼する側である私達は専門家を探し出す手段に乏しい。考えてみれば当然のことであるが、不安に駆られ焦っている上に、ほとんどが弁護士を探すのも初めてという被害者達にはそんなことは思いもよらない。頼りなく、寄り添ってくれない弁護士に失望し、意気消沈する者達が続出していた。

状況は自分も変わらなかった。

「次の弁護士に当たってみます。情報持っている人はご一報ください」

だが、私は諦めていなかった。寝る間を惜しんで情報を探し、仕事や家庭にかける時間の合間を縫って、足しげく弁護士事務所に足を運んだ。

自責の念、家族の将来、そして母や亡き祖母の言葉が、私を奮い立たせていたのだった。

救済支援団体は役立たず？

その間に、グループでは二つの救済支援団体の名が繰り返し出ていた。

一つは、私も一度は相談をしたことのある「ＳＤ被害救済支援室」。もう一つは、日本住宅性能検査協会被害者の会、通称「日住検」。ＮＰＯ法人が被害者オーナーを代表に据えて設立した被害者団体であった。

ＳＤ被害救済支援室に関して私は不信感を抱いていたのだが、何人かはすでにコンサルフィーを払っており、彼らはしきりにテールヘビー手法でのスルガとのやりとりこそ正しいのではないかと主張していた。

テールヘビーとは、想定期間に基づいて計算した低めの元利均等返済金額を支払い、最終回に多めに残しておいた残元金を一括で支払う返済方式のことを指す。要は返済のテール（尻尾）がヘビー（重い）なのだ。

この返済方法を利用すると月々の返済額の大部分は金利だけを払う形になり、借金の残額はほとんど残ったままだが月々の返済が軽くなる。万が一、自身が返済期間中に死亡した場合は団信を用いてそれを払う形とするため、土地・建物を家族に残すこともできる。

この方法しかないと賛同する声もあったが、疑問視する声も多かった。現時点で若い者は返済期間中に死ぬ確率は低い。結局は債務奴隷として理不尽なローンを長期間支払い続けねばならないし、最後は物件を売却して借入残額を返済するわけだが、そもそも土地・建物にはローンを清算できるだけの価値が残っているのかどうかも怪しい。その他のＳＤ被害救済支援室の提案は、稚拙な内容証明をスルガに送り付けるという程度で、とてもコンサルフィーに見合わないとの指摘もあった。まさに二次被害であり、ここに依頼することはスルガ銀行を有利にすることにもつながるのではないのかとの意見だ。

かと言って、もう一つの「日住検」もあてにはできなかった。私は、多くの仲間に呼びかけて、日住検主催の説明会にも参加していた。ここで抱いた率直な感想は、「船頭多くして船山に登る」だった。ＮＰＯは議事進行を務めるだけで、主導的に組織を動かせず機動力に欠けていた。

さらに、マイクを取って、私が被害者オーナー一括の対応を主張しても、お抱えの大川弁護士は個別案件としてスルガ銀行やＳＤへ対応するという前提での活動を推し進めようとしていた。

これは組織体制に問題があった。ＮＰＯが紹介するのは個人弁護士や物件価値を判断するための建築業者であり、ＮＰＯ自身の利益を守るためには、集団で問題解決するのではなく、個別の案件に持っていく必要があったのだ。

そのために、被害者同士の状況の差異や望みもバラバラで、方針の統一に時間がかかりすぎる結果を生んでいたのだった。

すでに、被害者達には月に平均70万円のローン返済がのしかかっていた。ＳＤは入居者からの家賃収入を渡さないばかりか、現行のサブリース解除には債権請求の放棄が必要との一点張りだった。

「ＳＤ舐めてるわ。こんなになってもまだ稼ごうとしているみたい……」

誰かのつぶやきが恐らく真実であろうと、被害者達は思わざるを得なかった。

第四章　混沌

私の弁護士探しが続く中、ＬＩＮＥグループにも変化が表れていた。立場、目的、方向性の違いから歩調が乱れ、当初の情報共有と対応に対する議論でなく、考え方の違いから少しずつ対立が目立つようになっていた。

中にはＳＤ被害救済支援室やスルガ銀行、ＳＤや不動産会社らとつながっているのではないかと疑わしい者もいた。業者らに同情的な発言をし、有利な流れになるように誘導を行ない、他のメンバーの意見を攻撃することもあった。

最も大きな問題は、ＬＩＮＥトークをスクリーンショットしてＳＮＳへ掲載し、メンバーの個人情報を漏出させる者が現れたことだった。当然それは活発な議論を抑制し、個人情報の流出を恐れてグループを離脱する者も少なからず出るようになった。

闘う仲間を得るために作った場が、仲間を分断させる場へとなりつつあったのだ。

だが、それは一方で集団の在り方を変えるきっかけにもなった。私は混沌の中でも積極的に発言し、この状況をどうすべきかを皆に問いかけた。人生をめちゃくちゃにされた怒りと、誰にも負けない解決への情熱と根気強さが、ここ数カ月間でとても強くなり、今こそリーダーシップを発揮しなくてはだめだと思った。

呼応するかのように、同じく熱意に満ちたメンバー達が私の元に集まるようになり、私達は情報をまとめ論理的に事件を思考し、事件解決のためにかける労力をいとわず真剣に向き合っていた。

その中で、とあるメンバーが思わぬ話をＬＩＮＥにつぶやいた。

「サクトの被害者から話が聞けそうです」

「本当ですか。ぜひ、お願いします」

サクトの被害者の話を直接聞けるというのだ。その事件はＳＤと似通ったところがあり、当事者から話を聞ければ参考になるかもしれないと皆が思った。

「面談するメンバーを絞って話を聞きに行ってみませんか？　数が多すぎると向こうも嫌でしょうし」

私のつぶやいた提案に皆が賛同し、私を初めとした5人ほどのメンバーが、代表としてその被害者と直に会う運びとなった。

各々の予定を調整し、数日して渋谷にあるレンタル会議室で、渡辺と名乗る被害者の中年男性と対面する場をセッティングした。

外部で複数人での打ち合わせが可能な場を探すのには苦労した。また、話を聞くにあたって事前にサクトの事件の情報収集を行なった。これに弁護士探しも重なって、私は寝不足な状態でその場に参じねばならなかった。

しかし、殺風景なレンタル会議室で始まった面談で得られた情報は、苦労を補ってあまりあるものだった。「サクトの被害者は130人ほどいます……今、連絡がとれるのは数人だけですけど」

「この事件も、スルガが融資していたと聞きましたけど事実ですか？」

私の問いに渡辺は頷いた。

「オーナーはほとんど皆、たまプラーザ支店で契約をしました。さあこれからって時に家賃収入がいきなり切られて、建設途中で放り出された建物もありました」

「私達もです……似た事件ですね」

自然に、私が代表として渡辺と話し合う形になっていた。私が積極的に発言することで、他のメンバーも任せて安心と思ったようで、そのまま行く末を見守っていた。

「被害者の皆さんを集めるのに、そのたまプラーザ支店前でビラ配りをなさっていたと伺いました。それで、集まった皆さんで情報交換をしたそうですけど、その後どうなりましたか？」

「はい、結局……個別にスルガと対応して、テールヘビー方式での返済になりました。金利は2％になんとか圧縮しましたけど、月10万の赤字です」

「え？　それじゃテールヘビーになってないじゃないですか？」

「……それでも、元の利率のままで支払うよりはマシです」

騙される前の生活になんか戻れていない。そう思わざるを得なかった。渡辺は陰鬱な雰囲気を隠し切れていなかった。

「3カ月に1度は、スルガから呼び出しがあって、近況報告と収支状況をヒアリングされています。連絡の取れなくなった人は、もう自己破産しちゃったんでしょうね……」

渡辺は私達にテールヘビーを勧め、弁護士を立てるのはスルガ銀行の態度を強硬化させるだけなのでやめた方がよく、個人個人で対応すれば間違いないと助言して去って行った。

私は、渡辺の助言に感謝しつつも、彼の過去の経験から発せられる断定的な物言いなどから、同じ被害者であるはずの彼に好感を持つことができなかった。本能的に何か胡散臭いものも感じていたからだ。


帰りの電車の中で、受けた説明をLINEグループにコメントすると、やはりSD被害救済支援室へ依頼し解決するべきと主張する者が現れた。それだけなら一意見として妥当だが、反対者や懐疑的な者を攻撃し、強引に流れを誘導しようとする動きが問題であった。

「まずい流れだな……」

渡辺の意見を信じれば、正しい方向へSD被害者達は進んでいるように見えた。だが、私はどうしても彼の言を受け入れられなかった。私の目指すべきゴールは妥協などではなく、この詐欺に出遭う前に時間を戻すことなのだ。

「そろそろ本当の仲間を選別しないとだめだ。LINEグループの洗濯を……」

自分に言い聞かせるように呟いていた。では、その洗濯はどうやってやるか？　新たな悩みが芽生えていた。

盗人猛々しく

一方、グループではまた別の問題についての議論が活発化していた。言わずもがな、シェアハウス管理についてである。

ＳＤからのサブリース料が支払われないならば、後は自分で管理するか他の管理会社に切り替えて、少しでも売り上げを上げなければならない。不動産会社社長の平山が提案してくれたように、満室にすれば売値が少しでも高くなるからだ。

ところが、ＳＤは管理に必須の鍵を被害者達に渡すことを拒否した。彼らの理屈はこうである、サブリースは支払いが停止しているだけで契約は未だに存続している。自主管理にしろ他社管理に切り替えるにしろ、一旦はそのサブリースを解約（合意解除）する必要がある。そして、ＳＤが提示した合意解除の内容には、ＳＤに対する今後一切の責任追及の放棄、サブリース料不払いへの一切の債権放棄が盛り込まれていた。

盗人猛々しいとはこのことで、管理切り替えを試みていた7割近くの被害者達がこの理不尽な状況に追い込まれていた。怒りの声が木霊しつつ、他に方法もないと弱気になる者も出始める有様だった。

部屋を借りている人は
賃貸借契約で守られています
勝手に立ち退きを決められない
立ち退き料
正当な理由
大家
立ち退き料の金額は、
法的に決まっていません
家賃を6か月滞納している等、
正当な理由が必要

そもそも、サブリース料支払いを怠っている側であるSDがなぜにこれほど強気なのか？　それには今回のシェアハウス投資スキームに理由があった。

元来賃貸借契約は、弱い立場にある賃借人（借りている側）が保護されるようにできている。通常は貸している側である大家等が圧倒的に強い立場なため、彼らによる家賃値上げや立ち退きが容易になされないように借地借家法で保護されているためだ。

今回の問題は、サブリースという形態で管理会社が大家（オーナー）から一括借り上げをし、大家に対しては見返りとして1棟ごとの家賃を支払うという仕組みであることだった。

つまり、この場合SDがオーナーからシェアハウスを「借りている」、賃借人と見なされてしまうのだ。

当然、賃借人であるSDが保護される側となり、詐欺の被害者であるオーナーよりも優位に立ってしまう結果となった。SDはこれを悪用し、一歩も引かない姿勢を取っていた。多くの被害者オーナーは、物件の鍵を入手するために、やむを得ず解約合意にサインをして鍵を入手する者もいた。

一方、私はＳＤの新川に対し強気な姿勢を崩さず、ＳＤの債務不履行を理由とする「解除」の「催告書」を作成し、同じ「解除」でも、合意解除とは内容が全く異なる強制的解除として、これまでの期間のサブリース未納金合計額を記入して支払えと催告したのだ。

もちろん、ＳＤから未納金を回収できるとは考えてはいなかったが、ＳＤの都合の良い形での「合意解除」ではなく、私がＳＤの債権者として存続する形にしたものを内容証明郵便で送付したのである。こちらの不利益が最小限に収まる形の事例を作るために、その数日後には再び単身でＳＤに乗り込み、誰よりも早くシェアハウスの鍵を奪い取ることに成功した。

この手法は、ＳＤと「合意解除」を結んでいないメンバーに後日共有し、心置きなく鍵を奪い返すために有効な手段となった。

失敗とは転ぶことではなく、そのまま起き上がらないこと

メアリー・ピックフォード

運命の出会い

２０１８年も2月に入っていた。

ＳＤの強硬姿勢、手腕が疑問視される「ＳＤ被害救済支援室」、動きが遅すぎる「日住検」。そして銀行という名の巨大組織「スルガ銀行」。被害者達はまさしく八方塞がりで、孤立無援の状況であった。

それでも私は弁護士探しを続けていた。寝食を忘れ、皆を鼓舞することも忘れず、ＬＩＮＥについては特に気を使いながら対応していた。

そんな中、熱意に満ちたメンバーの一人、後に仲間から斬り込み隊長と呼ばれる吉山が、次のコメントをＬＩＮＥに載せた。

「ある人から河合弘之という弁護士を紹介されました。私は会ったことはないのですが、原発訴訟も手掛けていて伝説的な弁護士さんです。冨谷さん、一度会ってみてくれませんか？」

「えっ！　凄い！」

「本当に河合先生？」

これを見ていたメンバーがざわついた。

「はい、わかりました」

私はこの時、河合弁護士の経歴を全く承知せず、提案に素直に応じたのだが、その後の調べで、過

河合弘之弁護士

去に多くの経済事件に関与した敏腕弁護士として政財界では著名な存在であると知った。
今度こそという期待と、今度もだめかもしれないという不安が交互に押し寄せる中、私は約束の日に会社を休んで河合弁護士の事務所へ足を運んだ。

「私が河合です。まぁ、どうぞお座りください」

「本日は、お時間をいただきありがとうございます」

2月14日、私と吉山は内幸町にある弁護士事務所で河合弁護士と対面していた。彼は小柄で白髪頭に眼鏡をかけた穏やかそうな年配の男性だった。

彼は私達の説明を一通り聞いた後、まっすぐに私を見つめて言った。

「面白れぇなぁ~。それで、冨谷さんはどうしたいの?」

私は咄嗟には答えられなかった。今までの弁護士は、開口一番で自身の見解を述べるのみだった。それが、依頼人である私の要望を聞いてきたのだ。

「すべての債務をゼロにして、このシェアハウスを購入する前まで時間を巻き戻したいです」

と言いたかったが、本心を口に出すことができなかった。その言葉に対して今まで会った弁護士達から返されたのは、「無理」との二文字だけだったからだ。

一瞬沈黙する私達に対し、河合弁護士は不信感や苛立ちを見せることもなく穏やかに続けた。

「冨谷さん、これは消費者問題だと私は思いますね。まじめな中堅サラリーマンを食い物にして……許せないな」

「え？」

「う〜ん……そうそう、この『日住検』。ちょっとこの『日住検』に話を聞いてみたいね。次はいつ説明会があるのかな？」

「はい、次は明後日の16日の5時からになります。私達も参加する予定でいます」

「明後日か。お〜い、金くん。明後日の5時からなんだけど、君は行けるかな。日住検の説明会があるんだよ」

河合弁護士は扉を開けて、たまたま通路を通りかかった金弁護士に声を掛けた。金弁護士は少しだけ思案した後に了承すると、何事もなかったかのように再び歩いていった。

私の眼差しは、河合弁護士に向けられていた。

「それから、他の皆さんの話も聞きたいですね。何しろ数は力です、もっともっとオーナーさんを集めないと。そういう場を作ってもらえれば……。今月のスケジュールは……」

私は手帳を慌てて開き、日程を確認したが、このような弁護士は今まで見たことがなかったので、今のこの状況に、私は驚くと同時に大きな喜びを感じていた。

そして、またある疑問が頭をもたげてきた。

「河合先生、失礼な言い方ですけど……どうして先生のような方が私達に会う気になってくれたんですか?」

河合弁護士がくだけた口調で言った。

「いや実は、うちの婿が、よりにもよって2軒も購入していて、2億数千万円も被害に遭っているんだよ」

身内もシェアハウスの詐欺に遭ったというのだ。この発言は私にとって意外なことであった。普通、プライドの高い弁護士は絶対にしないであろう身内の失態談を、この河合弁護士は包み隠さずに話したのだ。

「うちの婿は、なんで買う前にひとこと言わないのかね」

私は、この河合弁護士という人物が心から信用できる人間であると直感的に感じたのと同時に、彼の人柄に惹かれ始めていた。そして、この弁護士を絶対に放してはいけないとも思った。

逃げるなよ!

話が一通り終わり、事務所を出てトイレに行く河合弁護士を私は思わず追いかけ、並んで用を足しながら個人事情をさらに説明した。河合弁護士は嫌な顔一つせずそれを黙って聞いていた。

「わかったよ、冨谷さん、受任しよう。トイレにまでついてくるってことは、よっぽどだろう。うちの婿は自己破産させても構わないって思っていたんだけどね」

「ありがとうございます！」

私は感謝と喜びに深々と頭を下げた。だが、次に河合弁護士の口から出た言葉には度肝を抜かれた。

「そういう悪い銀行は、潰しちゃおう」

「えっ⁉ つ、潰すんですか？」

「そうだよ」

「……、何年で潰せますか？」

「う〜ん、2年かな。だからね、冨谷さん」

河合弁護士は私の肩を掴んだ。

「逃げるなよ！」

その言葉に、喜びで震えつつ笑顔で応えた。

「先生、逃げたくたって逃げようがないですよ。私にはこの事件から逃げるという選択肢はないんです。そして、先生。実は、先ほど言えなかったのですが…、私の希望は、すべての債務をゼロにして、シェアハウスを購入する前まで時間を巻き戻すことです。ですから、河合先生、私達のことを見捨てないでください。宜しくお願い致します」

それからひと月もしないうちの3月2日、日比谷図書文化館でスルガ銀行・スマートデイズ被害弁護団（SS被害弁護団）結成の説明会が開かれていた。

河合弁護士を中心に、消費者被害事件の第一人者である山口広弁護士、いずれも日弁連消費者問題対策委員会に所属し、練達の人である紀藤正樹弁護士、谷合周三弁護士らの弁護団がそこにあった。

私はほとんど夢を見ているかのような気分だった。河合弁護士の事務所へ最初の相談に行ったあの日から、河合弁護士は受任を決めて積極的に動いてくれていた。

日住検の説明会の鈍重な実情を見るや、すぐさま山口弁護士に連絡を取り、弁護団結成について私と話し合いの場を設けた。被害者らに対する説明会、そして記者会見のセッティングもあれよあれよという間に進め、気がつけば孤立無援を嘆いていた状況が嘘のように、心強い弁護士達が味方になってくれていた。

その過程で、とある記者に取材を申し込まれた私は感嘆混じりにこんな言葉を聞かされた。

「いやあ、毎度ですが河合先生は動きがパッパッて早いですよ。さすがに手馴れています」

確かに手馴れてはいたが、動きが早い理由はそれだけではなかった。出会ってまだひと月も経っていないのに、私は河合弁護士のそれが、馴れによるものだけではないと確信していた。

彼にあるのは、本当の意味での「プロ意識」と「情熱」だ。だから短期間のうちに被害者の信頼を得て、闘いの準備を整えられたのだ。

何はさておいても、準備こそが成功の鍵である

アレクサンダー・グラハム・ベル

被害者LINEの洗濯

これと並行して、私はLINEの洗濯にとりかかっていた。

というのも、LINEを使い始めた当初から怪しげな連中も入っていたし、以前からスルガ銀行やSD、SD被害救済支援室等へ利益誘導を図る動きをする者も存在していたからだ。彼らが事の真偽が定かではない情報を断定して、議論を進めたりすることも放置してはおけなかった。

また、LINEからの情報流出にかねてから危機感を感じていたため、LINEの洗濯のために苦渋の決断ではあったが全員から免許証、社員証、そして、SDのサブリース契約書の3点セットの提示を求めた。このサブリース契約書は持っていることが被害者の証しであり、特にこれの確認は必須であった。

これらは個人情報であるため、私への提示を拒む者や、自分は不動産業者でありサブリース契約書はないが、LINEに残れないかと相談してくる者など様々いたが、私は決意を曲げず対応し、そのやり方に納得する者だけがＬＩＮＥに残ることになった。すべてを一人で確認したため、時間はかかったが、最終的に私の狙いは成功した。

そしてこれ以降新たに入会を希望する者に対しては、一人一人面識を持ち本人確認することを徹底するために、私の募ったメンバーがそれぞれ手分けをして、東京近郊に住んでいる者であれば直接会いに行き、地方在住者はオンライン会議システムを利用して面談した。

この結果、組織は洗練されていき、その中でリーダー格と言うべき中心人物となる者達が明確になっていった。

私に河合弁護士紹介のきっかけを作った吉山、工務店社長の鶴田、ＩＴに強い奥山、高麗、伊藤。データ分析の仁、熱血漢の吉川、経理担当の楠木、メンバー受付担当の熊井、遠藤。年長者の鳥山、そして女性の彩加らがその代表的な存在となり、反撃の機運は高まりつつあった。

人間の目は失敗して初めて開くものだ

アントン・チェーホフ

支払い停止!?

この有志の集まりは私の名前のローマ字読みの頭文字をとって、トム会と名付けていた。みんなから「冨谷」ではなく「トム」と呼んでもらおうとの思惑もあったのだが、そうした理由はご想像にお任せする。

さて、このトム会の勢いとは対照的に、スルガ銀行側は個別面談による個別対応を進める意向であるとの姿勢を崩さなかった。

その個別面談にしても、面談に際して今回のローンの契約書、入居状況やその他個人資産の資料を、オーナー自身ばかりか親族のものまで用意するように要求してくる始末だった。

当然、それは支払いの停止や条件の見直しのためではなく、ローンの回収先を探っているようにしかメンバーの目には映らなかった。面談を終えた者からの証言でも、情報収集に終始し対応についてはは後日検討するとの一点張りで、誠意ある対応とはとても言えなかった。

私達のスルガ銀行への怒りが高まるとともに、肝心のローンをどうするかについての意見が連日交わされていった。

トム会にいる元銀行員によると、銀行はその豊富な資金力を背景に裁判を長期化させ、その間に訴訟主の資金が尽きるのを待つ戦法が取れる。故に、過去の訴訟では一度も折れず、敗北を喫したこともなかった。銀行の不敗神話はネット等でも確認でき、メンバーの間にも不安の声が囁かれるようになった。

そこで私は、密かに元銀行員のメンバーから計画してもらった作戦を提案した。

「貸し倒れ引当金を利用したいと考えています。つまり、皆で一斉にローン返済を停止するんです」

「支払い停止？」

「貸し倒れってなに？」

貸し倒れ引当金とは、債権が未回収になる場合に備え、損失になり得る金額を予想し積み立てておく資金である。当然これが膨らんでいくと、債権が回収できない、つまり利益を生み出せないということになり、銀行で貸し付けができる総額が減少していく。

決して珍しいものではなく、どの銀行でもある程度の貸し倒れ引当金は備えている。

しかし、今回は規模が桁違いであった。シェアハウスは1棟あたり平均1億3000万円だと想定していた。全体では1200棟ほどもあるから、ローン支払いを停止した場合、約1560億円もの貸し倒れ引当金が計上されることになる。

そうなると銀行業務に支障をきたして、金融庁からも問題を指摘されることになる。銀行運営には免許が必須であり、取り消しの権限を持つ金融庁にはめっぽう弱いのだ。そうなるとマスコミの話題にもなり、この事件への注目が集まってくる。

だが、メンバーの半分程度がその支払い停止の提案に難色を示し、賛成派と反対派で意見は二つに割れた。

それまで私に同調していたリーダー格の面々も動揺し、特に奥山は強く不安を抱いているようだった。

「トムさん、ローンの支払いを止めたら、会社とかにも連絡が行かないかな？　督促状とか取り立てが来たり、ブラックリストに載っちゃったら……俺はちょっと……怖いかな……」

奥山の懸念は、実は私も同じく持っているものだった。もし、返済停止の結果、信用情報に傷がついて社会的信用を失い、会社にバレてしまったら？　妻と子どもの生活が危機に晒されはしないだろうか？

法律関係に詳しいメンバーから、督促は裁判所の裁定を経てから初めてできるもので、半年から1年は実行までにかかるとの指摘があったものの、大多数のメンバーにはやはり抵抗感が根強く残っていた。

「だから、今度河合先生に相談してみようと思うんだ。だめならだめでまた別の手を考えればいいし、もしかしたらいけるかもしれない。皆も、こうしたらいいんじゃないかとか、新しい情報があったら積極的に発言して欲しい」

「それならまあ……」

「けど、確かに効果あるかもしれない」

この支払い停止の提案は、私達にとって背水の陣ということになる訳だが、この行動は必ず必要なものだと私は考えていた。しかしながら、団体内の士気の向上と、自分事として自ら考え積極的な議論がなされることを狙い、提案という形にした。この時は、私の求心力もそれほど高くなかったことも理由の一つであった。

そして何よりも恐れるべきは、組織が停滞し連携も失ってしまって、個々でスルガ銀行と対することになってしまう事態だった。それを阻止するためにも、私はリーダーとして皆を正しく先導する役にならねばと強く思っていた。

まずは止血！

数日後、新宿のレンタル会議室で弁護士数名とトム会メンバー80名ほどで話し合いの場が設けられた。会場に向かうタクシーの中で、私が貸し倒れ引当金を利用した計画のことを河合弁護士に相談すると、彼はすぐに賛同を示してくれた。

「ローン返済を止めるっていうのはすごくいいですよ。今はね、皆血を流しながら手術しているみたいなものだから。そのままだと危ないでしょ？　まずは止血、そこから始めましょう」

この発言に私はホッとした。

会場に到着後、本日の議題の一つとして、私が支払い停止の提案をして、元銀行員には説明を補充してもらう形をとった。当然ながら、次の質問が発せられた。

「河合先生、返済の支払い停止をして、本当に問題はありませんか」

「あのね、そもそもこのシェアハウス投資スキームはね、違法なんです。違法で始まったローンにお金を払い続けたら、違法に与したのと同じになっちゃうんです。ＳＤや佐藤太治とグルになってるスルガに、お金を払うことないですよ」

不安を口にしたメンバーへの河合弁護士の返答に、私は続けた。

「これは、物件をSDから取り戻してスルガに物件を返すことでローンをチャラにして、この詐欺に遭う前に時間を巻き戻すための闘いだと思っています。正直、私にだって恐怖はある。だけど、何の行動もせずに闘わないでいると、このまま人生が滅茶苦茶にされる……私は、みんなと一緒に闘いたい」

私なりの想いを伝えたつもりだった。未だに不安そうな表情がメンバー達には浮かんでいたが、幾分かの空気のやわらぎも生じていた。

「冨谷さん、ありがとう。皆さん、これを実行すれば間違いなくマスコミの話題になります。そうなると、スルガと佐藤太治の関係も表沙汰になって、大問題になります」

河合弁護士は、初めて出会った時と同じように、まっすぐにメンバー達を見つめた。

「けど、やはりまずはローン返済の停止です。けがして手術をする場合を考えて欲しいんですけど、止血もしないで手術だけしていてもだめでしょう? 止血しないと死んじゃいますよね」

メンバーの一人で、外科医の尾山が頷いた。

「ですから、まずはローン返済を止めないと、皆さん失血死しちゃいます。本当にそれでもいいですか? 嫌ですよね?」

尾山を含めた何人かが、河合弁護士の顔をまっすぐに見つめ返して、決意を固めたように首を縦に振った。

恐れは逃げると倍になるが、立ち向かえば半分になる

ウィンストン・チャーチル

数々のトラップ

河合弁護士との会合から、実際の支払い停止に向けた行動までは急ピッチで進んでいった。1週間を経ずして鶴田、仁、そして尾山を中心としたメンバーら約30名ほどが、署名捺印入りの支払い停止の書簡を携えて、因縁のスルガ銀行横浜東口支店へと足を踏み入れてくれた。

皆の表情は硬かった、スルガ銀行行員の敵意の眼差しと、報道関係者のカメラが私達へ向けられていた。報道関係者は、1月17日、20日に開かれたＳＤのオーナー向け説明会にて名刺交換をした者へ事前連絡をして来てもらっていた。

しかし、メンバーはカメラを向けられるのに慣れておらず、緊張を隠せなかった。それでも、皆は背中がぐっしょりと濡れるような汗をかきながら、懸命に進んでいった。逃げ出したくなるような緊張の中、一人ではないという心強さが、私達の背を後押ししてくれていたのだ。

さて、ローンの支払いを停止するといっても、書簡を出せばそれで済むという話ではない。支払う側、つまり、被害者が支払いができない状況を作り出す必要があった。

引き落とし口座の残高を0とし、給与振込口座にしている場合は振り込まれなくなるように設定するのだ。私達は手続きを済ませ、これでローンの支払いは停止されたはずだった。

ところが、引き落とし当日、支払い停止に成功したメンバーが歓声を上げる一方で、数名のメンバーから悲鳴があがってきた。

「口座0にしたのに、勝手に金が入ってる！」

「俺はクレジットカードから引き落とされちゃった！」

「ローンが今までより高い金利に変わってる！」

急遽、メンバーで会合が開かれ、その原因の究明が急がれた。

そこで明らかになったのは、スルガ銀行の仕掛けた卑劣かつ周到な手口だった。なんとスルガ銀行は、この貸し倒れ引当金をオーナーらが利用するのを見越していたかのように、契約の際の口座作成の時点で、口座残高が0になった場合には、自動でより高い金利のローンを貸し付ける特約と、クレジットカードからも引き落とせるように特約をつけていたのだ。

私達は、ここで初めてその特約の存在を知らされたようなものだった。ここで対象となった者達は、仕方なくそのローンの解約料を支払わざるを得なかった。

スルガ銀行にとっては、搾れるだけ搾り取るための賢い手法だったのだろう。だが、それを仕掛けた相手、そしてそのタイミングによっては、どういう効果をもたらすかまでは予測ができていなかった。

「俺も来月から止めるけど、このままにしておくと勝手にローンを貸し付けられるかも」

「私も止めます。次回も今回みたいに皆で止めに行きませんか？」

スルガ銀行のやり口に怒ったメンバー達が、次々に自らもローン支払いの停止へ名乗りを上げだしたのだ。支払いに窮していたが、停止へ踏み込めなかった者達も続き、次第にその数を増やしていった。

第1陣として支払い停止した約30名のメンバーが、支払い停止に成功したことも後押しとなった。仁が中心となり希望者へ助言を行い、河合弁護士や報道関係者との連絡を取り持った。続々と支払い停止の手続きは行なわれていった。結果として、団体メンバーのほぼ全員が支払い停止に踏み切った。

被害者全体で見ると2割程度であったが、それでも会計上無視できない貸し倒れ引当金が膨らんでいくこととなった。

弁護団も積極的に活動を続けた。スルガ銀行との交渉窓口を設け、それまではメンバーが個々で対応せねばならなかったのを、一括で担ってくれるようになった。これがメンバー達に与えた影響は大きかった。多くがごく普通の会社員達であったために、いざスルガ銀行と面談を始めても、緊張し行員の持つ専門知識や手慣れた態度に萎縮してしまい、軽くあしらわれてしまうことも多々あったのだ。

弁護団はメンバー200名各々の事情や要望をまとめ、専門知識にも対応ができた。さらに、副団長の紀藤弁護士がSDのサブリース解除のためのフォーマットを改めて作成してくれた。紀藤弁護士のアドバイス通り、メンバー達がそれを内容証明郵便にて送ると、あれほど強気だったのが嘘のようにSDは大人しくなり、解除に応じるとともに物件の鍵を渡すようになった。

メンバー達が自分でシェアハウスの管理が行なえるようになると、9割を謳っていた入居率は良くて4割程度、ほとんどのシェアハウスは全空室で、家具どころか、キッチン用品一つとして入っていないという惨状が明らかになった。

いざ弁護士を相手にするとすぐさま弱腰になるSDの態度、嘘も承知で融資したであろうスルガ銀行、何もかも嘘だらけの実態に私の怒りは高まった。

また、ローンの支払い停止で、100名近いメンバーが息を吹き返した。

「ローン支払いが続いていたら、俺死んでたかも」

とあるメンバーの呟きは決して冗談ではなかった。収入が無い中で月々60万を超える支払いは、容易に数カ月で預貯金を食い潰す。それほど多くの人々が、ぎりぎりにまで追い込まれていたのだ。

誕生『SS被害者同盟』

一見順風満帆な流れであったが、私には無視できない悩みがあった。

「やっぱり、この前の会議の情報がツイッターで漏れてる……」

直接面談やオンライン会議システムを利用し、グループの洗濯を終えても尚、内部には不動産業者やSD被害救済支援室の関係者と思しき敵対する者の影があり、情報の漏洩が起こっていたのだ。

LINEでは個々人が自由にグループを立ち上げて他者を招待できる。私達のLINEは、シェアハウスが建築途中である者のグループ、すでに運営を始めている者のグループ、初心者への質問を統括している者のグループ等々、数十のグループに分かれていた。活気のある議論がなされていた反面、一つずつ巡回し内容をまとめる労力も時間も膨大なものになってしまうという弊害も生じていた。もちろん、私が参加していないグループも存在していた。

「トムさん、俺に考えがあるんだけど」

そんなとき、奥山から提案が寄せられた。

それは奥山が中心となるIT班を結成し、管理者による制限が可能なSNSのやり取りへ、全員を移行するというものだった。

認証の仕組みを構築し、各会員へとIDを割り振る。情報収集のためのアンケートにはWeb

フォームを利用し、Ｗｅｂ会議も認証を経ての開催が可能。共有文書もクラウドドライブで管理ができる。メンバー加入に際しても、本人確認のための認証班を作成するのだ。２００名を超えるメンバーの顔と名前を完全に一致させ、より徹底した管理を行なう。

「大変そうだけど……確かに有効だ」

「でしょ？　それでこれを……トムさんから皆に言って欲しいんだ」

「私が？」

「トムさんは話し方も上手だし、やっぱりリーダーのトムさんが適任かなって」

私は快く奥山の計画をメンバーへ伝えた。メンバーの中からこのような提案が出てきたことが、とても嬉しかった。そして、奥山の提案を切っ掛けに本格的な組織改革が始動し、私達は、より強固で団結した組織へと変わっていった。

それまで確たる名も持たなかった組織は、吉山の提案で「スルガ銀行・スマートデイズ被害者同盟（ＳＳ被害者同盟：以下同盟）」と命名された。一連の詐欺事件で、スルガ銀行、ＳＤ、サクト、関連した会社に何故かＳの頭文字から始まるものが多かったためで、それらの被害者組織を統合する意味を込めていた。

同盟では全体統括を担う執行部、伝達のための班長、マスコミやメディア対応するメディア班らの役割がふられ、機能的に運用された組織が生まれた。

中でも執行部は、それぞれ熱量があり、様々な技能を持った、バラエティ豊かな面々で構成されていた。

一本気で自他ともに厳しい副代表の吉川、その傍らで協調性に長けた彩加がフォローし、ともすれば軋轢を生みがちな彼を同じく副代表として支えた。

工務店社長である鶴田も副代表に就いた。彼は建築や会社の運営に精通し、建築会社や販売会社との交渉では率先して先頭に立った。名前が鶴田なので世代的に呼称は「ジャンボ」となった。

そしてもう一人、年長者でバランス感覚が良く全体を俯瞰して見られる鳥山にも副代表に就いてもらった。呼称は「鳥パパ」。

敵方の威圧に押されることなく、鋭い指摘や的確な答弁で相手に隙を与えない「斬り込み隊長」の吉山。彼は頭もキレる。

奥山、伊藤、高麗の「ＩＴ三銃士」はＩＴ畑での経験と知識を生かし、運用が容易でセキュリティが高く、かつ安価なＩＴインフラの構築と運用を行なった。

仁は被害者オーナーそれぞれの情報をまとめ、共通点や特異点、そしてその原因究明を行なう「データ分析の鬼」。

オーナー全員の顔と名前を完璧に記憶している認証班の「受付係」熊井と遠藤。

誰もやりたがらなかった経理を、遅れて合流した楠木が担当してくれた。また、熱意と行動力に長ける反面、空回りしがちな岡山在住のシュウも遠方から協力してくれた。

この中でも、私と奥山は盟友と呼べる関係であった。以前から私がよく奥山の相談相手になっていたこともあり、リーダーシップを持つ私と、やや心配性なところがあるが冷静に物事を客観視できる奥山とで、同盟を引っ張っていくこととなった。

情報戦

同盟が真っ先に着手したのが、情報を集めることであった。これまでもメンバーからの情報はあったものの、その真偽や重要性を判断することが、取得量に追いついていなかった。その結果、貴重な情報であるのに流してしまい埋没したり、偽情報に多大な時間を費やしてしまったりすることがあったのだ。

過去の被害者達がスルガ銀行から敗北に追い込まれた一因に情報不足とその精査も不足していたと推測した私は、自らも率先して動きながら、仲間にも情報収集を優先するように呼びかけた。

みんなが積極的に動いてくれたが、特に吉山と鶴田の動きは圧巻だった。鶴田が業界の伝手を辿り面談の場を設けると、すかさず吉山が切り込んで情報を引き出す。その手法に圧倒されたのと、訴訟を起こさないことを条件に不動産会社から多くの情報が得られ、仁の取捨選択の後「同盟」の中に共有された。

共有された情報を基に、仲間達に事例や証拠収集のアンケートをオンラインで取り、更に分析を行なった。これに比例して同盟のデータベースは膨大なものになっていった。

不起訴を代償にした情報収集には異論もあったが、執行部が説得に回ることで続行の運びとなった。
当初のＬＩＮＥグループでも呟かれていた、シェアハウスが本来の2倍ほどの建築費をかけてい
て、その半分を建築会社や不動産会社がＳＤやスルガ銀行の行員にキックバックしていたこと。被害
者の建設停止の意向を無視して建設を進め、そのキックバックを続行したばかりか、停止のために資
金を止めた被害者へ訴訟する会社もあったこと。それらの裏付けが取れ、同盟は怒りに沸いた。
私と奥山は、佐藤太治の関係や、ＳＤやスルガ銀行の元行員を中心に探索を開始した。ネットを駆
使し、メンバーとも頻繁に意見交換をして、苦心しながらも網を拡げていった。
するど、驚くべき情報が入ってきた。ＳＳ被害弁護団には属さず単独で被害者救済に動いている加
藤博太郎弁護士が、テレビ東京へスルガ銀行内部で交わされた改ざん指示のＬＩＮＥデータを提供し
たというのだ。
私はすぐさま加藤弁護士へ連絡を取り、データを入手した。（後段で詳しく説明するが、私は加藤
弁護士とも委任関係にあった）
その上、そのデータ自体も後ほどこのシェアハウス投資スキーム事件を題材にした番組で使用され
ると聞き、より多くの人々へ知ってもらえると期待が高まった。
また、弁護団にも、某不動産会社の顧問弁護士から通帳改ざんの際のスルガ銀行担当者の音声デー
タが届けられた。これは、弁護団と同盟の精力的な活動に危機感を抱いたその会社が、弁護士を通じ
て不起訴を条件にして渡されたものであり、私達の活動が無駄でなかったことの証明だと大いに士気

をあげた。

データを確認してみると、通帳にいくら記載するか等を具体的に述べたスルガ銀行担当者と不動産業者の間の生々しいやりとりが記録されていた。結局、このシェアハウス投資スキームでは、全件において改ざんが行なわれていたのだった。

スルガ銀行の素顔

あくる日、情報収集に勤しんでいた私に、スルガ銀行の元行員から話を聞く機会が訪れた。そこには、先日知り合ったばかりだが信頼のおける人物と直感したTBSの記者にも同席を依頼した。

待ち合わせ場所に指定された喫茶店で私達の前に現れたその元行員は、氏名の秘匿を条件にして切り出した。

「この場限りですよ。今も監視されている可能性がありますから……」

「監視？」

「スルガは辞めた人間が情報を漏らさないか探偵をつけているんですよ。……そんなこともする組織なんです」

一瞬、冗談か妄想の類いかとも思った。だが、その元行員は嘘をついているようには見えなかった。

「スルガは反社ともつながっていますし、社内ではパワハラも当たり前の環境でした。そんなところで優秀な社員というと……要するに、法律違反を平気で行なって業績を上げられるやつです」

「今回のシェアハウス投資スキームにも関係が？」

「はい、キックバックで1億円以上儲けたと言って、得意になっている同僚もいました。仲介業者から足がつかないように、レターパックに現金を入れた物を受け取るんですよ。どういう金か周りも皆わかっていますけど、誰も何も言わない……金庫を買わないと金が入りきらないって笑っていました……これがそいつの写真です」

彼が見せた写真には、分不相応な高級時計を腕に巻き、満面の笑みを浮かべた30代前半くらいの男が写っていた。

私は白くなるほど強く拳を握りしめていた。それは自分達が、シェアハウスを建てるために融資を受けた金だ。しかし、銀行から建設のために融資された金が、キックバックという形で行員の手に渡りポケットマネーとなっていた。

この行員に騙された仲間が少なからずいるということを想像するだけで血が沸騰しそうだった。

「あなたも経験が？」

記者の質問に、元行員はバツが悪そうに頷いた。

「はい、業者から食事をご馳走になったことは何度かあります。けど、現金を直接受け取ったことは一度も……」

真実かどうか甚だ疑問ではあったが、ここで彼を追及するよりも情報をさらに引き出した方が良いと判断し、冷静に対応した。彼が無罪とは言うまい。だが、すでにスルガ銀行を退職しているのだし、食事だけという彼の言い分は、理解できた。

結局、人は環境や雰囲気に大きく左右されてしまう。そこで抗い過ちを指摘できる者はそう多くはなく、また声を上げたところで是正できるとは限らない。

「冨谷さん、今日私が来たのは、皆さんが『同盟』を作ったことでスルガに動きがあったって聞いたからなんです」

「動き？」

「ここまで大きな集団になって、スルガにぶつかってきたのは冨谷さん達が初めてなんです。かなり警戒しているという情報も私に入ってきています……こんな言い方はなんですけど、何でもやる銀行です。冨谷さんは命の危険もあるかもしれません。どうか、気を付けてください」

「そんなに⁉」

記者が驚きメモにペンを走らせた。

「……はい、繰り返しますが、スルガは銀行を辞めた行員に探偵を付ける銀行です。そして、詳しくは言えませんが、反社ともつながっていますので……そういう連中も──」

「上等ですよ、やるならやってみろって話ですよ。こっちは死をも覚悟していましたから、怖いものなんてないんです」

記者と元行員は、私の言葉に驚いた様子だった。

「それにここで私が死んだらもっと話題になりますよ。スルガだって殺しを隠し通せますかね？　ともかく、私は一人ではありません。同盟の仲間がいるから、今の私は強いです」

私はまったく恐れを感じなかった。仲間がいるという現実が、恐怖心をかき消していたのだった。

元行員から聞いたスルガ銀行の内部事情、それは巨悪の存在と恐ろしさを知らせると当時に、怒りの炎に油を注ぐことにもなっていた。

株主総会

翌日のことだった。同盟の新しいコミュニティツールであるワークプレイス（＝ＷＰ）に吉川が気になる情報を書き込んだ。

「少し先の話ですけど、6月28日にスルガの株主総会があるみたいです！」

スルガ銀行において、株主総会が開催されるというのだ。すぐさま仲間達は情報収集に動いた。

「株主総会に出るっていうのはどうかな？」

「出てどうするの？」

「俺達の窮状を株主総会で抗議するのさ」

「いや、抗議しても採決、つまりスルガの方針を変えるのは難しいと思います。大株主の意見が強いだろうし。株数が多いから当然だけど」

「大株主はスルガの身内だしね……」

「でも、別の考え方ができない？」

「？」

「今だとスルガの代理人弁護士と話し合うしかないけど、総会なら岡野会長も米山社長も出て来る」

「あ、直接会話ができるのか」

「それだけじゃなく、他の株主にだってアピールできる」

「事件を知れば、まともな人間なら味方してくれるかもしれないよね。今のスルガ上層部のままだと事件が長引いて、株価も下がる一方だってわかってくれれば……」

弁護団会議に出席した折、私は河合弁護士へ意見を求めた。

「そうだね。みんなで株を買ってよ。私は前に電力会社の株主総会に出席した時は6時間粘ったことでマスコミに大々的に報道されて、事件の周知と世論を味方にできたんだ。スルガにとっては、マスコミを通じて詐欺同然の投資スキームに関与していたことを報道されるのが一番嫌なことだからね」

河合弁護士のお墨付きを契機に、株主総会へ参加するための同盟の計画が始動した。

この時、スルガ銀行の株は１００株で15万円と相当下落していたが、仲間達にとって小さな出費ではなかった。複数名で購入するとの計画を立ててはみたものの、ただでさえ不安なこの状況で、しかも、採決に影響を与えられるわけでもない、株主総会へ出席することには難色を示す者も多かった。

そんな仲間達を説得するために私は率先して動いた。やると決めたらとにかく行動だ。河合弁護士の言もあったし、他の株主に同盟や事件のことを知らせることができるのは決して無駄なことではない。被害者が株主として銀行と対峙して報道されることに大きな意味があり、株主総会は絶好の機会だと考えたからだ。

株には約定日がある。いわば株主総会に参加するための条件であり、開催の3カ月前までに持ち株を所持していない場合はその資格を得ることができない。今度の株主総会に参加するなら、3月25日までに株を入手しなければならない。私達に迷っている時間はなかった。株購入者予定リストに自身の名前を載せて、根気強く仲間達を説得し続けた。

株を総会参加のための「入場チケット」と称し、同盟がスルガ銀行と闘うための武器であると述べ、奥山らの助力もあって、なんとか30人ほどが名乗りを上げて出資し買い求めることで、どうにか同盟として株主総会へ参加する目処が立ったのだった。

創業家 岡野一族

同盟がスルガ銀行についての情報収集を続ける中、浮かび上がる名があった。

スルガ銀行の現会長である岡野光喜。そして、1895年の創業時に頭取となった彼の曽祖父である岡野喜太郎以来、120年以上も同銀行を支配してきた岡野一族である。

スルガ銀行は典型的な同族経営の銀行であり、その権限は現在まで途切れることなく強大であった。筆頭株主でもあり、ファミリー企業は30以上にも上る。そこへスルガ銀行が融資することが常態化しており、一部では銀行というよりも岡野一族の財布と揶揄する声もあった。スルガ銀行設立の地である静岡県内に「岡野本家」と称される豪邸を建て、本人らは家賃150万円以上の東京のタワーマンションで豪奢な生活を送っていた。

岡野光喜は、1985年に当時の地銀最年少記録の40歳で頭取に就任すると、それまでの法人融資から個人ローンへと方向転換を行なって大きく収益を上げた実績があった。金融庁長官からの「地銀のお手本」という称賛も、その周辺に関連してのものである。

一方、イケイケのワンマンタイプで独裁体制を築き、利潤第一主義で苛烈なノルマを行員へ課したため、内外に多くの問題を起こしている面もあった。私がかつてネットで調べた、詐欺同然のデート商法もその氷山の一角である。

佐藤太治の関与が明らかであったSL（現SD）のような企業へ融資を行なっていたのも、岡野一族に誰も異を唱えられない体制がスルガ銀行内にあったからだと、元行員らを含めた複数名からの証言があった。同時に、スルガ銀行が不誠実な対応を貫いているのも、根底には岡野一族の意向があると多くの指摘があった。絶対的な権力は絶対的に腐敗する。彼らには罪を犯したなどという殊勝な感情は存在しない。関心があるとすれば、あとどれだけ金を搾り取れるかという一点のみであるように思えた。そうであれば、スルガ銀行の態度にも納得がいってしまう。

「岡野一族が元凶だ！」

「許さない……それに言われるままのスルガ上層部だって同罪じゃないか！」

「こいつらがスルガにいる限り、私達の平穏な日々は戻って来ない」

同盟内に木霊する怨嗟の声。

「絶対に許さない！」

ようやく、打倒すべき悪の根幹が見つけられた気がした。


「河合先生達に任せっきりじゃなくて、私達でも何かできることがあるんじゃないかな？ 私は……自分の人生を人に任せっきりにするのが嫌なんだ。弁護士に任せっきりにして、最後に『はい、やっぱり駄目でした』って言われて後悔したくないんだ。そもそも私達は、他人任せにしたせいで大きく騙された訳だから、その失敗を反省しないといけない」

岡野一族という標的ができたこと、そして変わらぬスルガ銀行の個別対応にて解決をという主張にフラストレーションを溜めていた同盟では、私の発案に多くの賛成が集まった。

しかし、できることといってもなにをするのか？ 会議を重ねた結果、副代表吉川の「まず河合弁護士に確認をしてみる」という意見が採用された。

その提案を河合弁護士に持ち込んだところ、思いがけない返事を受けた。

「冨谷さん、日本橋のスルガ東京支店前でデモをしようよ！」

「デモですか？」

「そうだよ。この事件、被害者は少なく見積もっても800人はいるでしょう。けど今の同盟には200人くらい。まだまだ仲間が足りていない」

同盟にとっても気がかりな点であった。未だに私達に合流せず、個人でスルガ銀行やSDと交渉する被害者は存在していた。

素性のはっきりしない者を排除するため、同盟加入のための審査が厳しくなっているという話を外部の者から聞いたことはあるが、それ以外にも同盟を「SD被害救済支援室」のような胡散臭い団体だと思っている者や、銀行と闘っても勝てるはずないと諦め、安易な妥協に走ってしまう者も多く、説得に手が回っていない現状があった。

「デモはインパクトあるからねえ。報道関係者にも知らせて、ニュースにできれば効果があるよ」

それまでと同じく、河合弁護士はまっすぐに私を見つめた。

河合弁護士からもたらされたデモ開催の是非をめぐって、同盟ではかつてないほど意見が紛糾し、考えが割れた。

「いやだよそんな、左翼みたいなこと」

「ローン返済停止とは違うよね？　会社に知られると今度こそまずいよ」

「スルガに敵意をもたれたりしない？」

「今更怖くないでしょ」

「反社とつながってること忘れたの？　帰り道にいきなり後ろから……なんてなったらどうする？」

「ニュースになったら顔も出る、狙われるよ」

ローン返済停止に踏み切った時とは異なり、デモという直接的な行動をとることには逡巡する者が多かった。無理もない、一般的な社会人であれば、デモは怪しげな団体が声高に望みを主張し、時には警察と揉めることすらある反社会的な行ないと想像する者が大半なのだ。事実、私達が過去に見たことのあるデモのほとんどが、そう目に映るものだった。

奥山と仁も躊躇し、賛成する者達も弁護団によるデモはできないのかと、自らの参加には難色を示していた。皆それなりに社会的地位があり、デモによって受ける影響に過敏に反応していた。

これに対して私は次のように発言した。

「私はやるよ。先生がやろうと言ってくれたんだ。私は河合先生を信じてついていく。だから、みんなにもついてきて欲しい」

自らデモへの参加を表明し、皆を粘り強く説得していった。もちろん、私自身に不安が無かったわけではないが、河合弁護士の言葉が迷いを振り払っていた。

河合弁護士が語り掛けた。

「敵の一番弱いところを突かないと戦には勝てないからね」

「はい。それは戦の常套だと私も思います」

「では冨谷さん、スルガが一番嫌なことはなんだと思う？」

「え……か、貸し倒れ引当金が膨れ上がること？」

「それもありますけど、一番は世間や顧客層から見放されることだよ。そうなると預金は流出するし、借り入れをしてくれる客も減る、行員だってやる気をなくして、にっちもさっちもいかなくなる」

「なるほど」

「そこを突くには、事実上の本店である東京支店前でデモをするのが一番だよ。それに、デモって言っても行進はしないんだよ。歩くと面倒なんだよ。事実上の許可制になってて、警察にすぐ規制されちゃうから。だからスタンディングね。これなら警察に挨拶だけしておけば、ほとんど介入されないから」

一度は死をも覚悟したことのある私である。不安はほとんどなかった。

「実際にやるってなったら、私も参加しますから」

「やります！　河合先生!!　いつやりますか。昔のことは私が説得します」

私はやると決めたら行動が早い。昔からの特長だ。プライベートでは、身体に腫瘍ができて病院にいった際、「これは切らないとだめですね」と医者に告げられると、返す刀で「じゃあ、今すぐ切ってもらえますか」と言って医者を驚かせる。要は、良い意味で気が短いと言われることが多い。

河合弁護士がこんなに親身になってくれているのだから、やらないという選択肢は自分には無い。河合弁護士への信頼も私を後押しした。

一方、デモを提案した河合弁護士も弁護団会議の席上、「河合団長は反原発運動と消費者被害運動を混同している。そんなことをしたら世論の反感を買う。私は反対だ！」とある弁護士から反対されていた。

これは、同盟の代表である私が「やる」と言わなければ、実現しない作戦でもあったのだ。

わからぬ将来のことを心配しているより、
まずは目前のことをすべきだ

伊達政宗

第五章　折衝

ファーストコンタクト

２０１８年3月15日、静岡県沼津市にそびえるスルガ銀行本店にて、弁護団からスルガ銀行への申し入れの場がもたれた。弁護団の事前連絡で多くの報道関係者が集まる中、驚きの声が上がった。それは異例と言える交渉であった。なぜなら、弁護団とは別に、私や奥山を初めとした同盟30人ほどが同行していたからだ。

「トムさん、俺、緊張してきたよ」

「奥山さん、私はわくわくしてきたよ。河合先生もいてくれるし皆もいる。落ち着いていこうよ」

実は私も少しだけ緊張していたが、敢えて「わくわく」という言葉を使って自分自身を奮い立たせると同時に、奥山の緊張を和らげようとしていた。

その一方で、本当にわくわくしながら、皆と歩を進めていたのも事実だった。短期間でここまでの態勢を作ったことへの誇りと自負もあった。

今回の発案は河合弁護士によるものだった。被害者達の窮状を訴えること、また、敵を知ることは大事ということで、本来は弁護団のみが行くこの場へ同盟の同行を求めたのだ。

本店は弁護団と同盟とで、さながら団体交渉の様相を見せていた。外はこの様子を報道しようとする報道陣で溢れかえり、相当数の野次馬の姿もあった。

「先生が、ぜひって言ってくれたんだ。大丈夫だよ」

河合弁護士への信頼感、敵となるスルガ銀行の姿をその目で見ることとの重要性、そして「わくわく」と怒りが私の中で混じり合っていた。

この申し入れにおいて、当初河合弁護士は岡野会長と米山社長への直接交渉を望んでいた。ところが、スルガ銀行はそれを拒否した。元凶はスルガ銀行上層部と岡野一族であるのに、あくまで過失を認めず誠意を欠いたその態度は同盟の反発を強めた。

「自分達は今までの被害者とは違う、平穏な日々を取り戻すために徹底的に闘ってやる」決意はますます強固になっていた。

知らぬ存ぜぬ

会議室で同盟と弁護団が対面したスルガ銀行側の出席者は、同行の代理人である金森弁護士、経営企画部コンプライアンスマネージャー、監査部の部長らの計4人であった。

「はい、私は弁護団長の河合です。名刺を出しますね。あなたの名刺もください。はい、ありがとう。え～っ、経営企画部コンプライアンスマネージャーの佐々木さん」

河合弁護士は、同盟メンバーにスルガ銀行側の出席者の名前と顔が判別できるよう、名刺交換の際にあえて大きな声で伝えてくれていた。

「はい、そして顧問弁護士で代理人でもあります金森さん」

私は気がついて一瞬緊張した。金森は、スルガ銀行の詐欺まがいのデート商法訴訟を担当した弁護士だとネットで知っていた。


河合弁護士による申し入れは、スルガ銀行が詐欺行為に加担し、それに伴うフリーローンの貸し付け強要、ならびにそれを定期預金させた上、サブリース賃料の一部をスルガ銀行に積み立てさせたのを認め、責任ある対応を求めるべきというものだった。事前に質問状も送ってあり、理路整然とした口調で丁寧に問いかけていった。

「何件、何人に合計いくらの融資をしましたか？」

「個別に対応しているので回答はいたしません」

「この融資はいつから開始されましたか？」

「この場ではお答えできません」

「借り入れに際して、通帳などを偽造、改ざんしている証拠がありますが？」

「まだ資料を見ていないのでお答えできません」

「未完成、または未着工の建設工事代金への融資にはどう対処を？」

「個別の対応とします」

「我々はこの不当な融資実行について白紙撤回を強く要求します。検討するのか、それとも断るのかこの場で回答をお願いします」

「日を改めての回答とさせていただきます」

金森の回答は、知らない、調査中である、要望に関してはこの場では約束できないの一点張りだった。

ほとんど何も答えていないその対応に、傍聴していた私達は憤りを隠せなかった。仮にも弁護士であり、数々の資料があるにも関わらずわからないとはどういうことなのか。

「今この場にいる被害者の皆さん、全員が定期預金させられて、リース料の積み立てもされていますよ。これはスルガ銀行自体の問題でしょう。どうお考えですか？」

「来週早々に、いつまでに回答するかを連絡さし上げます」

その後も、金森を初めとするスルガ銀行側の出席者は、質問に対して一度として真摯に回答をしなかった。約1時間の面談においてスルガ銀行側が示したことと言えば、あくまで個別の案件による質問にしか答える気がなく、一括対応と解決を拒否し、個別融資としての対応を継続するという2点だ

弁護団交渉の後、記者団の質問に答える河合弁護士

けであった。結局のところ、これまでと一切姿勢を変化させはしなかったのだ。

それでも弁護団は、今後の記録改ざんは金融庁や警察の介入を招くと忠告し、30日に都内での弁護団交渉への対応要求を取り付けた。同盟は憤まんやるかたなかったが、私は代表として、その怒りを抑え、最後に金森らへ要望という形でぶつけた。

「スルガ銀行には大人の対応をお願いします。このままではどちら側にとってもマイナスです。スルガ銀行の株価は下がる一方ですし、詐欺に加担しているという報道も出始めてますので、不正をしていない行員のモチベーションだって下がると思います。家族に対してスルガ銀行で働いているって胸を張って言えなくなると思いませんか。このままずるずる引き延ばして裁判費用にお金を掛けるより、この逆境の中で被害者への対応にお金を使った方が、生きたお金の使い方になるんじゃないですか？　世間も注目しています。さすがスルガ銀行だ、そう思われるような対応をしていただきたいです」

「あなたが弁護士ならよかったのにね」

金森は、人をおちょくったような返答をすると、そそくさと会議室を後にした。

河合弁護士が近づき、私の肩に手を置いた。

「冨谷さん」

「河合先生……今日、ここに参加できたおかげで、スルガがどういう連中なのか、みんなよくわかったと思います。弁護団交渉に向けて、これからもよろしくお願いします」

「一緒に頑張ろうね、冨谷さん」

私は代表として努めて冷静に仲間達へ今後も弁護団交渉に参加すること、そして備えることの重要性を説いた。


河合弁護士は申し入れ終了後、外へ出ると報道陣へ開口一番に断じた。

「スルガの態度はきわめて無責任なものでした。全容に関する質問にはゼロ回答に終始し、あくまで個別回答にのみ応じる姿勢は、事件の全体像を明らかにしようとする当方らへの誠意に欠けています」

河合弁護士の力強く勇気をくれる言葉の一つひとつが、私達にとって、とてもありがたいことだった。

第1回弁護団交渉

申し入れから2週間ほどたった3月30日の午後、第一東京弁護士会館12階会議室にて、第1回の弁護団交渉が開かれた。

出席者は河合弁護士、山口弁護士を初めとする同盟側弁護士と、代理である顧問弁護士金森を初めとするスルガ銀行側の弁護士とコンプライアンスマネージャー、そして私達同盟の約50人であった。

交渉には当初から不穏な空気が漂っていた。河合弁護士らが要求した会長や社長の出席はなく、相変わらず代理人弁護士の金森が当然のような顔で鎮座していたからだ。同盟メンバーは、顔がスルガ銀行や報道陣に明らかになってしまう不安を抑えて参加しているのに、責任ある役員の不在に反発した。

私は金森の顔を見ると虫唾が走った。悪徳弁護士という言葉を聞けば、一番に金森の顔が思い浮かぶほどだった。

交渉において、スルガ銀行側は相も変わらず木で鼻をくくったような答えに終始していた。

前回の申し入れ同様返答ができない、今の段階では説明ができない。資料開示請求にはのらりくらりと断言を避ける、土地建物の担保価値審査やキックバックには、内部調査を進めているの一点張り。

フリーローンの貸し付け強要の事実はないという言葉には、参加した同盟メンバーから失笑が漏れる有様であった。加害者であることすら認めようとせず、個別対応を主張して同盟の分断を図ろうとする態度には、一同から怒りよりも呆れの声が漏れるほどだった。

仲間の多くは、スルガ銀行の名を聞いて信用し借り入れを決めた。信頼できる地銀として知られたスルガ銀行が、詐欺行為を行なっていたばかりかこのような誠意に欠ける対応をするなどと、少し前までは誰も想像すらしていなかった。

「この融資自体錯誤無効なんですから、残債を当該物件で代物弁済として引き取って欲しいんです。スルガにも被害者救済にもそれが一番だと思いますけど？　求めるのは白紙撤回です」

河合弁護士が主張した。

代物弁済とは、債務の履行として本来の金銭などの給付に代えて、不動産などの他のものを給付することで債務を消滅させる契約である。私達の願いはすべてをゼロの状態に戻すこと。この場合はシェアハウスを手放すことで、ローンを消滅させるという方法である。金利0でも成り立たない物件がほとんど、被害者である全員が、物件を手放してしまいスルガ銀行とも縁を切りたがっていたのだ。

だが、金森は「応じられない」の一言でそれを拒絶した。入居状況、経営状況は個々で異なる、経営状況によって返済条件変更を行なうのが常識であるとまで言い放ち、その上でどうするかはオーナー達の考えることであると、投げやりとも言える言い方までした。

私は15日の申し入れに続いて、今回も代表としてコメントを残した。冷静に言葉を選び、互いにベストな解決策を提案しているつもりだった。

「あれからさらに株価が下がっていますけど、まさかこれで終わりだなんて思っていませんか？　外国の株主だって多いのに、海外でも記事になりました。いつまでも代理人に任せきりにせず、きちんと役員である会長と社長を連れてきてください。投資の失敗に過ぎないとか、騙されたほうが悪いなんて言う人もいますけど、そもそもが詐欺スキームなんですから、ウソの情報で騙した方が悪いでしょう。正しい判断をお願いします」

相も変わらず金森らはまともに聞いていなかった。4月17日に予定された2回目の弁護団交渉に役員を連れてくるようスケジュール調整を求めた河合弁護士に対しても保証はできないと言った。

「それなら役員の空いてるスケジュールを確認してから決めたらいいでしょう？」

金森へほとんど説教するような河合弁護士の姿に、私は危機感を感じていた。２０１７年の11月11日、まさにサブリース減額の説明を求めてＳＤへ乗り込んだ際の自分と新川のそれと同じに見えたのだった。

デモ決行！

弁護団交渉の後、スルガ銀行の変わらぬ誠意なき態度への怒りと、２回目の交渉に際してどうすべきかを議論していた同盟に、それらとは別のざわめきが広がっていた。

「いよいよ明日だね」

「大丈夫かな……」

以前に提案された、デモ決行の日が近づいていたのである。

情報収集や申し入れ、今回の弁護団交渉の準備とも並行し、訴えるためのプラカードの準備等を皆で進めていたものの、やはり各々が不安を隠し切れずにいた。参加を表明していた吉山、鶴田らも例外ではなかった。

サングラスとマスクはするものの、知り合いに会ったりしたらどうしよう。やはりスルガ銀行の態度をより強硬にしてしまうのではないか。消極的な意見が流れ、参加を取りやめたいと名乗り出る者もいた。

特に女性メンバーの拒否反応は相当なもので、同盟分裂の危機すら孕んでいるほどだった。恐らくは認識の違いであろうが、妻帯者のメンバーの一人などは、巨額のローンを背負わされたと告白してもなお、共についていくと言ってくれた妻が、デモへの参加をするなら離婚するとまで宣言してきたと困り果てて相談する有様だった。

「ちょっと納得できてないですね……」

「今更だけど…、デモには反対です」

「捕まったらどうするの」

「そもそも、やること自体がマイナスに作用すると思います。どうしてもやるなら、同盟脱退も視野に入れています」

脱退をほのめかす呟きもチラホラ現れた。同盟は荒れ、再び大きな分裂の危機を迎えていた。それを防ぐために、当初はデモに賛成していたメンバーさえも意見を翻し始めていた。

だが、私は迷わなかった。それどころか、決行日が近付くにつれて熱意が高まりさえするほどだった。

「河合先生が言ってくれたんだ、私は先生についていくよ。皆も見ただろ？　スルガの態度。これじゃ強硬になった方がまだましってくらいにひどいじゃないか。私は誰かに任せて自分は後ろに隠れてるなんてことはしたくない。私達は絶対に間違ってないんだ。正しいことを主張するだけだよ。捕まるということはないよ」

参加者を鼓舞し、迷うメンバーを説得して回った。このまま交渉を続けても、スルガ銀行とは変わらず膠着状態になってしまうだろう。脱退分裂という事態になってしまえば、連中の狙う個別対応に持ち込まれてしまうかもしれない。サクト被害者の渡辺の後を追い破滅へと突き進み、後には元凶のスルガ銀行が無傷でほくそ笑む姿だけが残るだろう。

それを少しでも崩せる可能性があるなら、何でもやるという決意だった。執行部のメンバーは、自身では反対意見を持つ者も参加する姿勢だった。個の感情よりも数の力を優先すべきという思いは、執行部全員に共通するものだったからだ。

その甲斐があってか、当初は10人を割るほどしかいなかった参加人数は、決行前日には30名ほどに膨れ上がっていた。

2018年4月9日朝7時30分。河合弁護士とサングラスとマスクで顔を隠した同盟メンバー約30人は、日本橋にあるスルガ銀行東京支店前に集結し、スタンディングのデモを実行した。

「ご通行中の皆さん！　スルガ銀行の皆さん！　私達はスルガ銀行シェアハウス事件の被害者団体です！　どうか私達が陥っている苦境に耳を貸してください！　そして同銀行の詐欺行為を知っていただきたいと思います！」

河合弁護士は先頭を切って、ハンドマイクを握って演説を始めた。原稿なしのアドリブですらすらとスルガ銀行の悪事を話していく姿は、熟練の手腕ここにありと言えるものだった。

「さ、皆さんも。やってみて」

しばらくして、河合弁護士は参加メンバーへマイクを渡そうとした。被害者達の想いも、通行人やスルガ銀行へ聞いてもらおうというのである。

予定通りの流れであり、何度も練習したはずであったが、メンバーは皆一様に尻込みをしてしまっていた。

河合弁護士からも忠告があった、1回目で誰もが聞く耳を持ってくれるわけじゃない。何度も何度も繰り返して、それでようやく人々は関心を持ってくれる。

自分達がこれまで、デモを目にした時のことを思い返して欲しい。初めて目にして耳にしたそれに、足を止めて最後まで聞き続けるなどしただろうか？　通行人の多くは目的があり、まして早朝であれば勤務先に向かい時間が惜しい人がほとんどである。初回は自分達の存在を知ってもらうことが大事だ、だから、通行人が無視しているように見えても、動揺しないで続けて欲しい。

「……」

理屈ではわかっていても、完全に無視を決め込んでいる相手に訴えかけていくのには勇気が必要だった。メンバーのほとんどはごく普通のサラリーマン。理路整然と滑らかに訴えかけていたように見える河合弁護士にすら誰一人、足さえ止めない。緊張と本当にデモの意味はあるのかという疑心がメンバーに広がりつつあった。

ただ一人を除いて。

「私はスルガ銀行が融資するというのを信用して、このシェアハウス投資を始めました！　ですが！　その裏でスルガ銀行は不動産会社や販売会社と結託して！　詐欺行為を働いていたのです！　私は一度も本来提示された額のサブリースを受け取ることもできず！　1億9000万円ものローンと！　とても事業継続などできないシェアハウスだけが残りました！　……絶対にスルガ銀行とSD、関係した会社を許せません！　すべてがこの詐欺事件に巻き込まれる前のゼロの状態に戻るまで！　……決して諦めません！」

私は迷わなかった。自分達の想いを知って欲しい、そしてメンバーにも続いてほしいという冷静な考えに加えて、河合弁護士への感謝の念とスルガ銀行に対する怒りとが体を動かすのだ。

スルガ銀行東京支店（日本橋）でのデモ

「ト、トムさん、次は俺いくよ！」

「ありがとう」

「トムさん、私もやります！」

「池山さん、声が通ってよかったよ」

　触発されたメンバー達は、互いに励まし合い、勇気を出してマイクを手にすると、己の窮状と想いをスルガ銀行と通行人達へ訴えかけていった。

　相変わらず、通行人達は見向きもしなかった。だが、それでもよかった。能動的に活動する仲間の主張を耳にすることで、デモに参加したメンバー達の闘志は燃え広がり、活動的な集団へと進化する切っ掛けとしては十分すぎるものだった。

やってみせ、言って聞かせて、させてみせ
ほめてやらねば人は動かじ

山本五十六

デモの裏で

このデモを実行にするにあたり、同盟ではちょっとした内紛が発生していた。

デモに反対し、脱退をほのめかしていたグループの中に、河合弁護士の手腕に疑問を投げかける呟きを投稿する者が現れたのだ。彼らは不動産や税務関係に深い知識を持ち、セミプロの投資家である者もいて、同盟へ有益な情報をもたらしてくれていたのだが、それだけにその発言は理にかなっているように見えた。

「河合先生の言う代物弁済なんだけど……」

「なに？」

「本当に大丈夫かな？　意見求めます」

「なにが問題？　詳細希望」

「簡単に説明します、代物弁済が通ったとしますね。その場合、建物であるシェアハウスの時価と消滅する債務の差額に『債務免除益』が発生するんですけど、それが国税の課税対象になっちゃうんです」

「物件をスルガに返してローンをチャラにするのが代物弁済、けどローンに占める物件の割合は、通常の2倍くらいの値段で買わされたことから半分もない。私は1億5000万円のローンだけど、表面上は7000万円ちかくが残っちゃう。この7000万円が免除となるので、収入とみなされかねないんです」

「いきなり今年7000万円の利益があったとされて、税金を払わないといけなくなります……そんなお金、皆さんはありますか？」

「嘘でしょ⁉」

「だって、儲けじゃないじゃん！　大体詐欺のお金でしょ！」

「でも、法律上はこうなっちゃうんです」

「それを河合先生が知らないはずないよ」

「じゃあ、聞いてみましょう」

「いや、聞いてもわかんないと思う。河合先生は税務には詳しくないでしょ」

「じゃあ紀藤先生……山口先生は？」

「ここに今貼りますけど、同じ条件での判決例がありました」

「うわあ」

「やばいかな？」

「どうしよう」

徐々に反河合弁護士派ともいうべき派閥が形成され、その急先鋒は大手通販会社に勤務するM女史であった。

これまでも、ゴールドマンサックス（GS）に勤務する税務に詳しい友人を持つと称する彼女のもたらした情報は正しいものが多かったため、その意見を無視することは難しかった。彼女はデモ行為にも反対の立場を示しており、同じくデモ反対派の女性らを糾合して、自己破産こそ正しい道であると主張を始めたのだった。

「代物弁済」が成されてローンから逃れても、今度は莫大な税金が課せられてしまう。

その衝撃は大きく、メンバー達は議論から対立を生じるようになり、執行部にさえもこのまま河合弁護士を信じてよいのかと疑問を呈する者も出始めた。

同盟分裂の危機

Mらによって、同盟の意見は二分され、すでに分裂は避けられない勢いであった。執行部でも、こうなってしまった以上、各々で独自の道を模索するのも一つの解決法ではないかという意見が出るようになっていた。

Mらを支持するグループの一部は、かつてSD被害救済支援室といった組織らに依頼料を払ってしまった結果、後に引けず自分の行いは正しいと思い込み、周囲の意見に排他的な人々と同じような様相を見せていた。無理に引き止めればより混乱は長くなり、元の鞘に戻っても、しこりが残ってしまう。一部の執行部はそう判断する者もいた。

だが、私はそれを拒否し、Mらへ粘り強く交渉を続けた。

「Mさん、それを今議論しても仕方ないよ。スルガとの交渉がようやく始まったばかりなのに、今分裂しちゃったら向こうの思うつぼじゃないですか？　それ見たことかと、個別対応に持ち込もうとするでしょう。スルガ銀行は強大な敵です、一人ひとりでぶつかっても勝てません。だからこそ、こうして信頼できる仲間で同盟を作ったんじゃないですか」

「代表は過去の事例を――」

「はい、投稿してくれた資料は拝見しました。けどちょっと待ってください、今回のこの『かぼちゃの馬車事件』は、過去に前例のあることですか？　ありませんよね？　前例のないことには、前例のない方法でしか未来は切り開けないと思うんです」

私の懸念はMの性急すぎる態度にあった。確かに彼女の言いようは、理があるように聞こえる。だが、今すぐにでも自己破産すべしと繰り返し叫ぶ様子は、どうしても感情が先立っているようにしか見えなかった。確かに裁判では判決例が大きな意味を持っているが、それに固執しすぎて他者の意見を封殺するきらいがあった。

現時点で私も河合弁護士が税務に詳しいのかどうかは定かではない。だが、相談をすれば法律の専門家としての意見を述べてくれるだろう。弁護団の他の弁護士からも見解が得られるはずだ。

なにより、言い方は悪いが、知識がある者はいても大半が一般人の集まりである同盟のメンバーが気づいた問題を、河合弁護士が見逃すとは思えなかった。外から見ればそれだけの根拠だ。だが、私は河合弁護士と出会い決心を固めていた。信じるなら１００％。一度信じたら、最後までついていく。

Mの言動は次第にヒステリックになり、私と副代表の鶴田に対して個人攻撃をしかけるようになった。二人とも信用できない、自分だけ助かろうとしている、そもそも執行部も怪しいものである。こちらの知識こそ正しく、このまま進めば全員が破滅する、自己破産こそ正しい道だ。止めに入ったシュウと尾山にも矛先を向け、Mらは次第に先鋭化していった。

さらにMは、自身の意見の正しさを代表である私が自分の考えと違うからと言って頑固に認めてくれないと、周囲に自らが被害者の立場であるかのように振る舞いだした。元から意見に正当性を感じていたメンバーが多かったこともあり、同盟内ではMは正しく、代表こそ誤っている側なのでは?という空気が生まれつつあった。それは執行部にも伝染し、Mはやはり正しいのではないか、代表はもう一度真摯に向き合うべきではないかとの進言や、河合弁護士へ早急に相談すべきだという意見が寄せられてきた。

大芝居

これに対する私の返答は誰も予想していないものだったと思う。

「わかりました。私は同盟が割れてしまうのが一番だめなことだと思っています。しかし、私の考え方に不信感をお持ちの方もおられるようですから、私は代表の座を降り、一メンバーになります。あとはMさんに代表に就いてもらって、同盟をまとめてもらえばよいと思います」

まさかの辞任宣言である。焦ったのはMであった。

「辞めるなんて無責任です。なにも辞めることはないでしょう」

「何を言っているんです、あなたが私にはリーダーの資質がないと仰ったじゃないですか？　私はもう疲れましたので、あなたに代表を譲ります。あなたの考える方法でみんなを救ってあげてください。お願いします」

これでMによる新体制下の同盟へと移行した……とはならなかった。Mは用意された代表の席に座り舵を取ることをせず、半ばパニックに陥ったかのように私や周囲に当たり散らすばかりで、何の行動も起こせなかった。どうしてよいかわからないようで、あれほど主張していた自己破産も実行に移そうとしなかった。

彼女の取り巻きや、その意見を支持していたはずの同盟メンバー達の多くも、彼女を盛り立てるでもなく、かといって自ら行動を起こすでもなく、どうしたらいいかわからず沈黙する有様であった。

結局Mにしろ、彼女の支持者にしろ、知識や大きい声はあっても、責任感やリーダーシップに欠けていた。私の意見や方針に意見はしても、いざ自分が引っ張る側になるとその責任に飲まれてしまって何もできなくなってしまったのだ。

リーダーたる資質には、能力だけでなく、何よりも自分を信じ、皆を信じ導いていくことが求められるのだと思う。

「やっぱりこうなっちゃいましたね、トムさん」

「ええ……」

この様子を、私は奥山と冷静に見守っていた。

実は、私の代表辞任劇は芝居であった。混迷する状況を打破すべく執行部で私を支持していた一人の奥山に相談し、辞任すると見せかけて皆の覚悟を試したのだ。

リスクの大きな策ではあったが、これ以上の混迷は組織としてよくないことなので、私はためらわなかった。同盟の仲間達に団結することの重要さを知って欲しかったし、河合弁護士を愚弄したMに対して腹も立てていた。彼女は同盟にとって、もはや獅子身中の虫でしかなかったのだ。

建設的に意見を交わし合うなら、反対意見を出されることも一向に構わないと考える。しかし、Mのそれは感情が先立ったものであったし、他者の意見を受け付けない独りよがりだった。

このまま放置しておけば同盟の内部分裂を招くだけでなく、彼女のやり方が正しいと勘違いする者も出て、スルガ銀行との闘いでよくない傾向を生んでしまうという危機感を抱いていたのだ。

かと言って、彼女らの独立を許してしまえば後に続く者が必ず出てくる。個で闘っても勝てないからこそ仲間を募ったのに、それでは本末転倒である。私はメンバーにそのことを理解してほしくもあった。

同盟は瞬く間に混乱を極め、それまで順調に進んでいた情報収集やメディア対応も一時、停滞してしまった。河合弁護士らもこの状況を心配して連絡を送ってきたが、それにすらまともに対応できない状況であった。

程なく、私に対して復帰要望が多数寄せられてきた。Mは孤立し、『同盟』のLINEで発言する頻度が目に見えて減っていった。彼女の支持者らも、自分の浅慮を悔いて、私へ再び代表を務めて欲しいと懇願するようになっていった。

ここに至り、私は再び姿を現すことにした。そして、批判を覚悟で代表辞任が芝居であったことを明かし、もう一度皆に呼びかけた。

「私は河合先生を信じます。信じるなら100%信じなければ意味がありません。先生は代物弁済こそ助かる唯一の道だといってくれました。これは私の目指す唯一の道です。もし、それを信じられないというなら脱退されるのも自由です。ですが、今回のことを見てわかるように、その場合は自分ですべて考えて行動しなければなりません。たった一人でスルガと闘っていける自信がありますか？私は事件発覚前から弁護士を探し、何十人と会ってきましたが、河合先生が初めて私の考えを受け入れて親身に接してくれた弁護士でした。そして、これまでも全力を尽くして私達を助けようとしてくれています。だから、私は河合先生を信じて代物弁済による解決をとことん追求します」

メンバーの多くは、今まで通りに代表でいて欲しいと望んでくれた。私不在の同盟の惨状を目の当たりにすることで、ようやく冷静になり、私以外に同盟を引っ張っていける者はいないと思ってくれたのだろう。

その後、Mは結局同盟を去り、彼女を支持していたメンバーの一部も去っていった。しかし、私は多くの仲間を助けるためにはこれで良かったと考えていた。今回の分裂危機を逆手にとって、『同盟』の結束をより強固なものとすることに成功したからだ。デモの遂行も実現させ、着実に『同盟』による解決のための動きは進んでいった。

やるなら決めよ　決めたら迷うな

石川洋

民事再生の申し立て

2018年4月9日、デモを終えて帰宅途中、夕日の差し込む電車の中で、同盟のグループ内で活発な意見の交換が行なわれているのを眺めていた。今日は河合弁護士との打ち合わせの他に取材対応に追われて会社の休暇を取ったのだが、忙しい一日だった。

LINEでは、デモは成功したと主張する者、いやいや、効果はやはり無かったのだと否定する者、4月17日の第2回弁護団交渉に備えての情報収集、未だに加入していない被害者への接触方法、スルガ銀行やSDらの詐欺の証拠集め、次回のデモへの準備等々が進行していた。

この時、私には、同盟に秘密にしていることがあった。数日前に、弁護団の事務局長を務める村上弁護士から相談を受けた極秘裏の計画である。

それは、弁護団がSDの破産申し立てを進めていて、代表者の名前を私にしてよいかというものだった。

これはスルガ銀行への対応策の一環であり、同銀行とつながるSDの金の流れを徹底究明するには、彼らを破産に追い込み公平な立場の破産管財人による調査を行なうのが確実なためである。

破産管財人とは裁判所から選任される専門家で、破産に際しての財産の換価や債権者への配当、免責判断の調査などを担当する重要人物であった。その際の調査報告書は裁判所へ提出され、免責を行なうか否かの参考資料となる。破産者、この場合SDはそれに協力し、説明を求められれば嘘偽りなく答えねばならない。

私は迷いなく応じた。村上弁護士は団長の山口広弁護士と同じ東京共同法律事務所に所属し、私よりも一回り若かったが、冷静沈着で私の担当弁護士でもあり、河合弁護士を信頼するように、私は彼のことも信頼していたからだ。

将を射んとする者はまず馬を射よ。スルガ銀行とつながるSDを追い込むことは、スルガ銀行自身への攻撃にもなる。私とてSDへの恨みを忘れたわけではない、怒りと秘密裏に計画を進めることへの興奮が私を奮い立たせていた。

「ちょっと、みんなこれ見て！　いったん今の議論中止！　緊急事態！」

と、ただならない様子で、ＬＩＮＥ上で奥山が皆に触れ回っていた。私は、彼からその重大事が話されるのを待った。

「メンバーの本間さんからもらったものなんだけど……」

奥山が投稿した画像は、何かの手紙のようだった。そこに記されていた文字を拡大したものがすぐさまに追加投稿される、ＳＤからのもので「民事再生手続き開始申し立てについてのお詫びとオーナー様説明会のお知らせ」とあった。

「本間さん？　これどうしたの？」

「さっき郵送で……」

「待った待った！　やばいぞ、これ！」

「民事再生の説明できる人、いる？」

「簡単に言っちゃうと、にっちもさっちもいかなくなった会社が借金を整理して会社は残しつつ再生しましょうって手続きのこと」

「破産ってこと？」

「違う、破産は管財人って公正な立場の人が入って、残っている資産とかを債権者に分配するけど、民事再生だと残りの借金を払わなくてよくなるんだ！　管財人もいなくていいわけ」

しばしの沈黙後、すさまじい数の怒りと悲鳴のつぶやきが木霊した。

「はああ⁉　なにそれ⁉」

「逃げる気まんまんじゃん！」

「河合先生にまず連絡して！」

「待った！　全員でやるとぐちゃぐちゃになる！　落ち着いて代表に任せよう！」

「そんなのんびりしてられません！」

「帝国データバンクのリンク貼ります、ＳＤの倒産速報がもう載ってる」

「マジか！」

「ニュースもすぐ出るはず、俺張ってみます」

「これもう受理されてる！　12日と14日に債権者、つまり僕達に対する説明会が予定されているみたい！」

「そんなすぐに⁉」

「どうすればいい⁉」


その時、このやり取りに最も驚愕していたのは私だった。折しも村上弁護士からのＳＤ破産申請の話を持ち掛けられていたところへ、ＳＤが民事再生という先手を打ってきたのだ。

これは明らかに、今なお眠っているスルガ銀行や黒幕佐藤太治への追及証拠を隠滅しようとする卑劣な動きに違いなかった。このままスルガ銀行とＳＤの関係が埋もれれば、スルガ銀行の罪を暴くことができなくなってしまう。

だが、私の茫然自失は長くは続かなかった。同盟には代表である私の言葉を求める声が多数上がっていたからだ。

「……そうだ、俺は俺にしかできないことをしていかないと」

すぐさまに河合弁護士らへ連絡を取り、同盟メンバーにも答えを送っていった。

「私もびっくりしました。今はまず、落ち着いて対応して欲しい。河合先生達にはすでに連絡をしたから、すぐにどうすればいいか返信をくれるでしょう。仁さん、情報の取捨選択をお願いできますか？　鶴田さん、吉川さん、今日の夜……10時ごろに緊急のテレビ会議を開催したいと思いますので時間を空けてください。議題は勿論ＳＤの民事再生についてです。セッティングを奥山さん、高麗ちゃん、伊藤さん、参加対象は結束グルのメンバーでお願いします。私はまだ帰宅途中なので家につき次第、より詳細な進行を進めていきたいと思います」

結束グルとは、私が信用できる仲間であると認めた者で固めたグループメンバーのことである。重要案件においては、ブレーンとして私は必ず彼らを招集していた。

私の言葉にいくらか落ち着きを取り戻した同盟は、情報収集と選択、そして会議の準備へと取り掛かった。何かに集中して、少しでも不安を紛らわせたかった側面もあったが、ともかく各々が精力的に動いていった。

私が家に着く前に、ＬＩＮＥにとあるニュースが投稿された。ＳＤがシェアハウス運営を破綻させ、約60億円の負債を抱え民事再生法の適用申請したというのがその内容だった。そこには入居率の低迷や事業の頓挫を原因としながら、計画的に仕組まれた詐欺同然のスキームであることや、スルガ銀行との関係は一切書かれていなかった。

「くそ、単純な経営破綻なんかじゃないのに……このままじゃ、スルガとの関係は永遠に……」

焦りかけていたところへ、村上弁護士からの連絡が届いた。

「冨谷さん、連絡が遅くなってすみません。今回の事態について、すぐに弁護団からも声明を発表します。大丈夫、心配しないでください。絶対にSDを逃がしたりしません。……実は別件でご相談したいことがあって、SDの民事再生法の適用申請について被害者代表から電話取材でのコメントが欲しいと、NHKの経済部記者さんから接触がありました。こんな状況ですが、対応可能でしょうか？」

「ありがとうございます村上先生。はい、もちろん対応します。私の携帯番号を先方にお伝えください」

村上弁護士の声を聴いて、私は次になすべきことを冷静に考えていた。一人で抱え込むのではなく、今こそ仲間と密に連携を取り合い行動する事が大事な局面なのだ。

ほどなく記者からの電話があり、いったん電車を降りて電話取材をこなした。急な出来事であったが、私は自分の、ひいては同盟の想いをぶつけた。

今回は到底民事再生が認められるべき事案ではない。破産手続きに移行して、この投資詐欺の実態や加担したものを明らかにするべき。ＳＤがやろうとしているのは責任逃れと証拠の隠滅であり、再生などでは絶対にない。そう記者へ伝えると、再び帰路に就いた。
デモ、民事再生、同盟の混乱、記者の取材、あまりに多くの出来事が一度に降りかかってきていて、パンクしてしまいそうだったが、そうならずに済んだのは、ひとえに仲間のおかげと再確認し、会議に向けて動いている彼らに頭を下げた。

予定よりも遅くの帰宅となってしまったが、思いがけずそこでさきほどの電話取材がニュースとなっているのを目にした。映し出されたのは取材で話した内容のごく一部であったが、それでも素早い対応が本当にありがたく思えた。
妻が用意していた夕食を手早く済ませ、私はいよいよＳＤの民事再生についてのＴＶ会議にパソコンを接続した。

小さく砕いて一つずつ解決すれば、解決できない問題はない

アンドリュー・カーネギー

深夜の作戦会議

同日22時、ＳＤの民事再生法の適用申請についての会議が始まった。私は村上弁護士に許可を取った上で、秘密裏に進めていた破産申し立て計画を皆に打ち明けて、今回の動向の根源を探ろうとした。秘密主義という批判はなく、それよりも民事再生阻止について多くの発言がされた。

「きっと。こっちの法的措置に対抗したんだと思う」

「損害賠償請求とか支払い督促を河合先生達にしてもらってたけど、今回ちょうどその支払督促異議期間満了の頃なんだよね」

「民事再生を申請すると、そういった手続きを全部中断できるみたいです」

「多分、村上先生の言っていた破産申し立てを嗅ぎ付けたんじゃないかと」

「民事再生を申し立てると、破産申し立てができなくなる。まず間違いないでしょう」

「それだけじゃない。民事再生は普通、会社の債務を整理して存続させるための手続きだけど、ＳＤはそんなつもりは絶対ないです。その根拠は、その1、オーナーの多くが合意解除に応じて、ＳＤ側の支払うべき債務（家賃の事）がこれまでに発生した賃料に限定されていて、債務を整理させやすいから」

「というか、これがしたくて計画的に合意解除してたと思う」

「俺もそう思うけど、まずは根拠を全部聞いてみよう。続きお願い」

「ありがとう。その2、ＳＤはこれまで財産の移転をして隠していた。それが完了して、財産がほとんど残ってないとすると、民事再生しても失う財産がなくて済む。どうだろう？」

「もう一点」

吉山が付け加えた。

「前にも出たけど、破産と違って民事再生は債務の整理が主で、過去の資金の移動は厳しく見られない。会社主導で責任追及を避けて、債務のカットもできるみたいです」

「ＳＤにとってはいいことずくめか……」

「佐藤太治の得意分野ですよ。再生します、シャンシャンで家賃保証を反故にしようとしている。これまでも計画倒産で、お金を抜くだけ抜いて飛ぶことを繰り返してきたんだから」

民事再生の裏にあるＳＤの思惑、その悪らつな態度に皆が怒りを隠せなかった。スルガ銀行は元凶ではあるが、協力関係にあったＳＤも負けず劣らずの似た者同士であった。

「ＳＤの態度はもちろん許せない。それに、民事再生を実行させるとスルガとの関係が闇に葬られてしまうかもしれない。必ず阻止して、当初の村上先生の計画通りに破産を成立させるのが肝要と思います」

私の意見に賛成の声が上がった。だが、問題はどうやって阻止をするかである。同盟メンバーの多くは普通のサラリーマン、民事再生という言葉すら今回初めて聞いたという者が大半であった。

ところが、予期せぬ方向から援護射撃が放たれた。

「俺経験あるよ」

「え⁉」

鶴田からの発言だった。

「30年も前だけど、勤めてた会社に１００億円くらい負債があって会社整理になったんだよ」

「そ、それで？」

「会社としては、はい、シャンシャンで終わらせたいわけだよ。だから姑息なんだけど、説明会開く時、東京には西日本の債権者、大阪には反対に東日本の債権者を呼んだの。弁護士が言ってたな、説明会の予定時間の2時間以内に議事が終われば会社の勝ち、荒れたら負けですって。だから、今回は会社側のＳＤが負けるように、説明会をぶっ壊すつもりで荒らしたらいいんじゃないかな？」

「お、俺やります！」

シュウが真っ先に反応を示した。

「俺も！」

「大暴れしてやる！」

「私も」

阻止への有効手段があるとわかった同盟メンバーが勢いづく中、奥山は冷静なブレーキ役となっていた。

「待って。鶴田さん、荒らすのが正しいやり方だとしても、河合先生に相談してみたほうがいいんじゃないかな？」

「うん、やるってなったら俺は真っ先にいくけど、たしかに諸刃の剣だよ。相談はしたほうがいいと思う」

「ありがとうございます鶴田さん。とても参考になりましたし、説明会をぶっ壊すというのは一見乱暴なようでも有効に思えます」

私は代表として、その意見に肯定を示すと同時に、その危険な点にも気づいて続けた。阻止がスルガ銀行に対する反感への憂さ晴らしになってしまうと、当初の目的を見失い暴走する結果になってしまうだろう。

「ただ、暴力だけは絶対にだめ。私個人の意見を言わせてもらえれば、スルガもSDも全員……ぶっ殺したいです。でも、本当にスルガに勝つんだったら、知性的な戦略をもって闘うべきなのです」

私の指摘にメンバーは熱を冷まし、賛成を表明してくれた。

私は胸を撫でおろしつつ、続けて実行の際の質問内容の吟味、会場での配置、持参物などの議論へと移行した。

同時に河合弁護士らへの連絡、更なる情報収集を担当するメンバーも選定していく。眼前の問題は確かに大事だが、最終的な勝利を手にしたいのならば、これまで同様に地道な努力が欠かせない。第2回弁護団交渉、さらなるデモ活動、ニュースとなったことで増えるだろうメディア取材への対応。

それでも、やはり民事再生阻止計画への熱の入りようは桁が違った。これまでも自分達で何かできないかと模索してきた中で、初めて気後れなく参加できるような事柄だったからだ。先入観から反発を感じていたデモとは違い、これはＳＤの仕掛けた攻撃に対する反撃であり、正当なものだという一種の免罪符が作り出されていたのだ。

「当日、切り込み隊長が必要だと思うんですけど……」

「私がやるしかないでしょう」

吉山が真っ先に手を挙げた。

「だてに鶴田さんと不動産会社相手にしてきていませんよ、今回も真っ先にやってやります」

「吉山さんにやってもらえると心強いです」

「質問もだけど、発言者も決めるべきだと思います」

「高麗さんありがとう。アイディアはありますか？」

くたくたであるはずなのに、会議を進めるたびに頭が冴えていくような感覚だった。気づけばあっというまに2時間が経過していて、明日の会議の予定を決めてからの解散の運びとなった。

会議内容をまとめるのに熱中していた私は、会議からさらに2時間以上を費やしてしまっているのに気づいた。

「まずい、まずい……」

明日は仕事がある。急いで風呂に入り、先に寝ているはずの妻を起こさないようにベッドに潜り込んだ。だが、「寝ねば、寝ねば」と思うほどに目が冴えていく。民事再生阻止、スルガ銀行、デモ、今後どうなっていくのか……考えるべきことは無限にあった。

「うおっ……」

寝返りを打った私は小さく声を漏らした。闇に慣れた目が、寝入っているとばかり思っていた妻がこちらをじっと見つめているのをとらえたのだ。

「恵美、どうした？　調子でも悪いのか？」

「……私よりあなたが心配よ」

「え？」

「ニュース見たの、ＳＤの……状況はよくないみたいね。大丈夫なの？」

「あ、ああ、心配ないよ。ちょっとバタバタしてるだけだ、安心して。俺は絶対に勝つ、万が一の場合には死んでもお前達を守るから安心して――」

最後まで言い切れなかった。

妻の目に光る粒が浮かび、幾筋も流れ落ちていたからだ。

「死んでもなんて、何言ってるの……やめて、冗談でも……」

妻の気持ちを考えていなかったことに、改めて気づいた。心配させまいと同盟の活動をなるべく話さず、なんでもないように日々振る舞っていた。すべては家族のためだ。

だが、何も知らない子ども達はともかく、ある程度は事件のことを知っている妻はどうだったろう。

事態の変化はわからず、時折ニュースやネットで見る情報に不安を募らせる一方だったのではないか。破産やデモ、自殺者といったネガティブな内容も当然多い。スルガ銀行の裏の顔まで彼女が調べて知っていたら……子ども達の身が心配でならないはずだ。すべてを知っているはずの夫は何も言ってくれない。

「……ごめん。俺は絶対に死なないよ。覚悟を言ったまでだ……」

私は妻を慰め、己の無理解を悔いた。辛いのは自分だけではない。妻だって同じはずなのだ。

「本当にごめん……」

ただ、謝ることしかできなかった。

ネットニュース

翌朝、結局一睡もできずに赤い目をこすりながら、私は通勤電車に揺られながら、すでに100を超えているLINEの呟きを注視していた。

「債権者向け説明会で、債権者多数からの強硬な反対がない限り、申立日から1週間以内に再生手続きが始まるみたい」

「つまり、強硬な反対があれば手続きされない？」

「うん、申し立てが棄却されて代わりに破産手続きが開始される。これ、ネットで見つけた記事。民事再生が却下された事例が載ってる」

「SDで給与支払いが滞っていたって情報GET」

「それって関係あるの？」

「SD社員も債権者になってるってこと」

「マジ⁉」

「参加なんてなったら、絶対そいつら賛成するでしょ」

「人数知ってる人？」

「100〜150人くらい」

「これだけの人数が賛成するとインパクトがでかいね。こっちも団結して対抗しないと」

「SDにまだ伝手ある人いない？」

「さすがに……」

「いないでしょ、ここまで来てるし」

「12日、14日の会場の早々の陣取りが必要」

「14日なら早く行けます！」

勢いづくグループ討論に私が割って入った。

「皆さんありがとうございます。一点だけ、昨夜もいいましたが、私達が被害者だけの非営利目的の集団であることを強調して、まだ同盟に未加入の被害者の方にも、仲間になってくださいって入口で呼びかけてみましょう。河合弁護士が言うように、まだまだ仲間の数が必要ですから」

侃侃諤諤《かんかんがくがく》、メンバーのやり取りは続いていった。


出社し業務に精励していた私の元へ、昼ごろにLINEで新聞記事の見出しが送られてきた。某スポーツ紙に掲載されたものだった。

「魔法は解けた『かぼちゃの馬車』の呆れたカラクリ。首都圏で女性専用シェアハウス『かぼちゃの馬車』を運営するSDが9日、東京地裁へ民事再生を申請し受理されたと発表した。負債総額はおよそ約60億円、約700人のシェアハウスオーナー達は億単位の負債を抱えたまま路頭に迷うことになる。自己破産者続出の可能性も……一方、この件に関してスルガ銀行の責任も問われるだろうという指摘もある」

スルガ銀行の文字！　私は思わず身を乗り出した。


「スルガ銀行は、この投資スキームの破綻を知りつつ出資者へ多額の融資を行なっていた。今年に入って担当行員が逃げるように退社を始めているが、その目的は証拠隠滅なのか—。事件の発端は4年前にさかのぼる。SDは『かぼちゃの馬車』のブランド名で、投資用の女性専用シェアハウスを販売。物件を購入した場合、同社がオーナー代理として入居者からの家賃徴収を行ない、『30年間の家賃保証』をうたい、賃貸料を毎月オーナーへ支払うという仕組みだ。老後の蓄えを期待するサラリーマンやOL約700人が飛びつき、業績を急拡大させていた。事態が暗転したのは昨年10月、スルガ銀行のオーナーへの融資停止を皮切りに、SDの物件販売数の停滞、オーナーへの賃貸料支払いの滞りが連鎖し、今年1月には支払い打ち切りが決定。事実上の破綻をきたした。同社は取材に対して謝罪と、インフラ確保の困難による引っ越しを入居者に促したが、その際の手続きに関しては言及を避けた。

入居者にとってもいい迷惑だが、最大の被害者は全国約700名のオーナーだろう。民事再生が認められれば未払い分の賃料やローンがそのままオーナーに残ってしまう。ある筋からの情報によれば、被害総額は1000億円以上。すでに自殺者も出ており、今後自己破産者が続出するだろうとのことだ。そもそもSDのスキーム自体が『詐欺まがい』であるとの声も大きい。シェアハウスの初期費用は大半が1億円以上、一般サラリーマンには手が出せない金額だ。同社は融資審査を通すために融資書類の口座残高を改ざんし、それをもとにスルガ銀行が異例の融資を連発していた。この点が同社とスルガ銀行が結託していたのではと疑惑を招いている箇所だ。『数十万の貯蓄しかないオーナーにも1億円の融資をしていたケースもある。別口の身辺調査をするはずで、普通に考えてあり得ない。最初から結託していたと考えるのが自然だ』別の関係者は語る。入居率9割と説明していたのに、実情は4割の入居率しかなかったとの情報も入っている」

私は食い入るように記事を読みふけった。

「静岡県沼津市に本店を置くスルガ銀行は、地元ではいわゆる『イケイケ』として知られている。個人向けの住宅ローンで業績を伸ばし、他行ならばまず断るだろう顧客にも積極的に融資を行なっている。金融庁は先月中旬、同銀行へ報告徴求命令を発動していた。取引の詳細内容確認が目的であったが、スルガ銀行は同案件を担当していた行員が2月時点で退職しているため即時の対応は不可能と回答している」

すぐさまＬＩＮＥ上に、メンバーからの補足情報が上がった。私は心強く思いながら、記事の最後まで目を通した。

「先月27日には、オーナー13人がＳＤなどへ計2億円の損害賠償を求める訴えを起こしている。一方、ＳＮＳ上では便乗商法による二次被害も報告されている。ある法曹関係者は『オーナーへ相談に乗ると持ちかけて、高額な弁護士費用や相談料を詐取しようとしている業者がいる。弱り目の人に目をつけてぼったくるのがこの手の業者。相談はまずは国が管理している窓口へ』と警告する。ＳＤの民事再生手続きに伴うオーナー向け説明会は12、14日に都内で予定されているが、近年まれに見る荒れた展開になりそうだ」

すでにＬＩＮＥには歓喜の叫びが木霊していた。

「スルガの名前出た！」

「わかりやすいし、俺達が一番の被害者って言ってくれている！」

「追い風ですね」

私も同感だった、世間の関心を味方につけ、ここで勢いに乗ってしっかりと畳みかけるチャンスだ。すぐにでも皆と話し合いたかったが、昼休みもそろそろ終わってしまう。後ろ髪を引かれる思いで私は仕事に戻り、今夜22時に予定されている会議へと思いを馳せた。


仕事を終え、家に帰ると私は妻へ会議と記事の旨を伝えた。落ち着きを取り戻していた妻は、夕方にＳＤに関するニュースが流れていたと伝えて夕食を温めてくれた。

急いで確認してみると、すでにＬＩＮＥにその映像が投稿されていた。姿を見せた大地元社長の態度はふてぶてしいと言ってよく、会社再生を目指してのことだろうと説明しつつ、自分はもう社長ではないと終始言い逃れするばかりであった。被害者を第一に考えて説明はすると言いながら、まるでそうは見えなかった。

短時間のニュースで扱いはそれほど大きくはなく、バラエティ仕立てではあったが、それでもスルガ銀行の関与と、口座残高改ざんについて言及されていたことは喜ばしかった。スルガ銀行の名が初めてＴＶ媒体で出ただけでなく、詐欺の関与への指摘もあった。スルガ銀行の悪行が世に明かされたことは同盟を活気づかせた。

4月10日22時、私は妻へ会議のことを伝え、昨夜と同じくテレビ会議へと接続した。真っ先に鶴田と吉川が意見を述べた。私が参加できなかった間にも話は進んでおり、説明会に向けての段取りの大筋ができていた。

「河合先生に確認したら、『民事再生絶対阻止』のビラはやっていいって言ってもらえた」

「このビラの中に、弁護団の委任者を増やすために弁護団説明会の案内も入れたらいいんじゃないかって助言ももらいました」

「賛成です」

「弁護団説明会の案内は作成しますので、皆でチェックをお願いします」

吉川が続けた。

「また、河合先生に確認を取り、SDに限らずスルガの債務者なら弁護団に受け入れるということになりました」

「よかった！　いよいよ、説明会での被害者ピックアップが重要になってきましたね」

「同盟への誘導と、増員にともなうグループ作成はIT班にお願いできればと」

「了解。それと、いいですか？」

奥山が声を上げた。

「説明会で他の被害者と連携する用になんですけど、ＬＩＮＥ＠を作ってみました」

皆から驚きの反応が返ってきた。

「すごい！」

「いいじゃない！」

「チラシのＨＰのＵＲＬとＱＲコード、ＬＩＮＥ＠のＱＲコードを載せていこうと……」

「今いち、わかんないんだけど？」

「あ、すいません説明します。ＬＩＮＥ＠はＬＩＮＥを使った店舗や小規模事業者向けの仕組みのことです。通常のＬＩＮＥとの違いは、複数の管理者がグループを管理できて、かつ参加者同士はお互いのことを知ることができないんです」

「つまり、管理者と被害者での直のやり取りが可能な仕組みってこと？」

「その認識で合ってます、この仕組みを新規の被害者オーナー募集に使おうと思うんです。被害者といっても膨大な数だし、同盟を結成する前みたいに、販売会社やスルガにつながってる人間がいる可能性もあります。これまでは、グループに入った時点で同盟のメンバーのＬＩＮＥアカウントがわかってしまうので、冨谷さんがやったようなＱＲコードの公開は個人情報がわかってしまうリスクがありました」

「その危険を無くそうというわけね」

「その通りです。このＱＲコードを読み取った側は、いきなり同盟に行くのではなくて、一旦ＬＩＮ

E@の入会専用の新設グループに誘導されます。そこから認証班がLINE@用のアカウントを使って入会フォームを送り、確認ができた人だけを同盟へ加入させる。という手順です。複数名で確認ができるから、選別にかかる時間を大幅に短縮できるし情報漏れの危険も低く抑えられるんです。新設グループを作ったのは、民事再生の会場の様子がどうなるのかわからなくて、取り敢えず同盟とつながれる仕掛けがあればと思ったからですが……どうでしょう？」

異論を唱えるものは誰もいなかった。

「いいですね奥山さん！　これでいきましょう、今回もスピードが命です」

「新しく入った人には、鶴田さん、いつものお願いします」

「いらっしゃい！　の挨拶だね」

「はい。皆も労いと相手からの質問の確認を忘れずに。何を信じたらいいかわからなくて、きっと不安だろうから。まずは信頼を得ることが大事です」

そのほかにも、デモ用の横断幕の作成状況、印刷の予定等々が話し合われた。今回もあっという間に2時間が過ぎ、残りの議題は明日へと持ち越しとなって一旦閉会を迎えた。

さすがに連日の深夜会議で、私も疲れを感じ始めていた。だが、萎える気持ちは全くなかった。メンバーも同じはず、自分一人が弱音を吐くわけにはいかない。

「あれ？」

風呂に入ろうとした私は、鏡に映る自分の体の違和感に気づいた。ポッコリ出ていた中年太りのお腹がすっかりスリムになって、あばら骨が微妙に浮き出ていたのだ。

体重計に乗ってみると、65kgと表示されていた。元は76kgあり、どれだけ必死にダイエットしても72kgの壁を越えられなかったのに、運動も意識的な食事制限も無しに11kgも痩せてしまっていた。

「ま、痩せこけた体も悪くないか」

私に悲壮なものはなく、軽口を叩いて湯船につかり疲れを癒やした。

決戦前夜

翌4月11日の午前、仕事に勤しむ私の元へ河合弁護士から電話がかかってきた。

「どうも冨谷さん。明日は説明会だね、同盟の考えは逐一教えてもらってるけど……どうする？」

「はい、民事再生絶対阻止をスローガンに皆で万全の状態を準備しています。そして、今夜も会議を開く予定です。……ただ、初めてのことで……これでいいのかどうか――」

「どんどんやっちゃって。あれは絶対に阻止しないとだめ。大丈夫、やり過ぎってなったら私が止めるから」

「ありがとうございます」

私は深く感謝するとともに、河合弁護士の言葉を胸に、折を見てはＬＩＮＥで発破をかけるコメントを書いた。

　仕事が終わり帰宅すると、私はすぐさまテレビ会議へと参加した。泣いても笑っても明日が本番、最終調整に悔いを残してはいけない。

「テレビ局各社から取材申し込みあり。説明会を映してもいいか、シェアハウス入居者を紹介できないかと聞いてきていますが？」

「基本的に全受けで。ただ念頭に置いておいて欲しいのは、自分が視聴者だったら、今の自分達はどう映っていて、どう見られるかを考えながらやってください。また、説明会については、カメラを隠して持ち込むのであれば、それは断ってください。今は、私達が被害者であることを周知してもらう時期と思うので、ルールの逸脱は厳禁です。入居者紹介にしても、必ず本人に許可をとってからお願いします」

「提案ですけど、会場でのフォーメーションが必要じゃない？　会がスムーズに進んで最後の質問時間が少ししかないというのが最悪のパターン。最初に質問時間の確保を約束させないと」

「俺がやります！」

　岡山県に住むシュウが言った。彼は遠方に住んでいるが故に前線での活躍がままならず、前々から何か同盟の役に立ちたいと考えていたのだ。

「シュウさん、今回は見ている側でいいよ。わざわざ岡山から来てくれる、それだけで価値があるんだから」

「切り込み隊長、私がやります」

吉山が名乗り出た。

「問題はその内容ですね」

「まとめデータを送ります。投資の前提だった入居率9割が嘘で、私達は億単位の借金を背負わされたこと。億単位の不法行為によって損害賠償請求権を持っているのに、債権者一覧表ではそれが無視されていることへの指摘が主だったものです。村上先生にも見てもらっています」

「ありがとうございます！　第一声は、これだけ疑惑が取り上げられているのに、民事再生なんてあり得ない！　ふざけるな！　でいこうと思います！」

「いいね！」

以降、配布予定のチラシや名刺の最終確認。ＬＩＮＥ@マークへの移行がスムーズにできるかのテスト。動きや発言内容、それを誰が担当するかの細かい詰めが行なわれていった。

どんな小さな疑問でも答えを探して、万全の状態を実現すべく動いていった。民事再生が通ってしまえばこれまでの苦闘もすべて水の泡、後には借金だけが残って多くのオーナーが破産、あるいは死へと追い込まれる可能性が高くなってしまう。

絶対に阻止する。

同盟は一丸となって奮闘した。またたく間に2時間が過ぎ、明日への疲れを残してはいけないと慌てて散会を宣言せねばならないほどだった。

第六章　決戦

民事再生を阻止せよ！

２０１８年4月12日、運命のＳＤ民事再生法申請にともなう、オーナー向け説明会の時がやって来た。都内某所の会場で18時から開始されるこの説明会で、同盟のひいてはこの「かぼちゃの馬車」シェアハウス投資詐欺事件７００人の被害者達の未来が決まる。

出勤には早すぎる時刻であるにも関わらず、私は起床して顔を洗っていた。結局ろくに眠ることができず、ベッドから出ることを選んだのだ。

ここ数日は睡眠不足で体が悲鳴を上げている。だが、気力にはいささかの衰えすら感じられなかった。体重の減少でやや細くなった顔を鏡越しに見る。そこにはたった一人でＳＤやスルガ銀行と闘っていた時にはなかった、強い自信と信念が宿っていた。

一人ではない、同盟の仲間と共にいる。そして、弁護団が付いてくれている。その事実だけで勇気が湧き上がり、強力な原動力を私へ与えていたのだ。

歯を磨きつつＬＩＮＥを見ると、会議終了後から途切れることなく呟きが並んでいた。

「到着したら拡声器を使ってアナウンス始めちゃわない？　私達は同盟の者です、まだ加入なさってない方は挙手をお願いします。とか」

「いいと思う！」

「でも、いきなり摘まみ出されないかな？　私も、家賃収入だけでなく就職斡旋とかシングルマザー支援とかの社会貢献事業まで嘘だった会社が、民事再生で借金チャラなんて絶対認めない！　って叫びたいけど……」

私は危険な兆候だと判断した。説明会に向けて熱気が高まっているのはいいが、怒りに任せて行動すれば良くない結果を生んでしまう。でも、最初から否定してはいけない。

「おはようございます。拡声器はいいですね、でも、説明会前に使ってしまうことが没収や退場につながってしまう危険があるので、ひとまずやめておきましょう。今はまず、ビラ配りに専念しようと思います」

「おはようございます。はい、すいませんでした……つい興奮して、ニュースの映像見直していたらどうしても許せなくて」

「私もです。絶対にＳＤの民事再生は阻止しましょう。そのためにも、冷静な動きが大事です」

「吉山です。皆さん、おはようございます。拡声器を使えるとしたら、俺が第一声を放ったのに続けてもらえると効果が大きそうですね」

「論理的に攻めたいですね。私としては、再生と言っておきながら、メイン業務の賃貸経営が他社の手に移管していて、新規の建築も行なう予定はないってところを突きたいです」

怒りの声は大きかったが、私の「出た意見を否定しない」というスタンスの効果もあってか、過激な方向には走らず、その想いをSDを追い込むために利用する流れに進んだ。皆、私同様に疲労はすれど、その心はかつてなく強靭なものへとなっていたのだ。

できる限りの最高の状態に持っていけたぞ。私はそう呟いて、出勤の準備を始めるのだった。

同盟の活動と会社員を両立する生活は楽ではない。だが、今の私はそのどちらにも決して妥協することはなかった。

会社の業務を終えると、私は奥山と合流し、夕暮れ空の下、急いでオーナー向け説明会の会場へ向かった。

会場には鶴田、吉山、吉川、彩加、執行部を含めて大勢が既に到着しており、参加者らにビラを配っていた。会場前には受付テーブルが設けられ、さながら吹き溜まりの様相で、オーナーや報道関係者に混じって得体の知れない者も多く、異様な雰囲気が会場を覆っているかのようだった。

しばらくすると会場が開放され、参加者達が動き出した。

「じゃ、行こうか」

私と同盟の一行は受付へ向かった。

「お名前をお願いします」

「冨谷と申します」

案内状を受付に見せて会場内へ進もうとした私を係員が引き止めた。

「すいません、名刺か案内状封筒の提出を……」

「嫌だよ」

係員は私を見ると、何やら別の係員に相談し始めた。と、後ろに控えていた見覚えのある顔が出て来た。私がSD本社へ出向いた際に応対した新川であった。

「ご無沙汰しております冨谷さん。本日はわざわざお越しいただき――」

「よかった。新川さん、私が債権者だってその人に証明してください。それじゃあ、よろしく」

再び会場内へ進もうとした私を、新川が引き止めた。

「あ、すいません、名刺か案内状送付時の封筒を……」

「どうして？　もう私が誰か忘れた？　そんなはずないでしょ」

「……わかりました、名刺は結構ですので封筒を提出して――」

「だからどうして？　見せるだけならわかるけど、提出しなきゃいけないのはどうして」

「規則ですので――」

「また、規則か？　ルールを守らない会社が何を言っているんだ。案内状を回収して、明後日入場させないようにするつもりか！　私は明後日も参加するからな！　他の人達もだぞ！」

この期に及んで姑息なＳＤに、私は敢えて大声で気を放ち、気圧された新川をよそに会場内へ歩を進めていった。

私の叫びをきっかけに、緊迫した空気が会場に生まれたようだった。その後、同盟が準備を進めていると、受付付近から何度か罵声が聞こえてきた。社員らへ詰め寄る者の姿もあり、ＳＤへの怒りは、やはり多くの人々が抱いていたのだ。

「みんなごめん、叫ぶのは会が始まってからって自分で言っていたのに……」

「大丈夫、冨谷さんのおかげで雰囲気変わってきたよ」

「怒りに火がついたみたい、民事再生阻止にいい傾向だね」

私は、会議で決めたフォーメーション通りの席に荷物を置き、説明会開始までの時間を無駄にすまいと参加者との情報交換のために、これから戦場となる会場内を歩き回った。開始10分前には河合団長の他、弁護団の弁護士達も登場し、万全の準備をもって臨むことができた。

ＳＤの社員や怪しげな連中の姿もあった。無視できぬ勢力となっていた同盟を警戒して動き回っていたが、私は真っ向から叩き潰してやるという気概を持って、悠然と壇上を睨んでいた。

定刻になると、参加者に資料が配られ、司会の男がマイクを持って話し始めた。

「お配りした資料に不備がある場合は挙手をお願いします。オーナー様におかれましてはご質問等あろうかと思いますが、最後に質疑応答の時間を設けておりますので――」

今だ！

「ちょっと待った！　前提がおかしいでしょ！　これだけ疑惑が取り上げられているのに民事再生なんてあり得ない！　ふざけるな！」

立ち上がり叫んだ吉山に続いて、メンバーが声をあげた。

「おかしい！」

「そうだ！」

「疑惑をなかったことにして進めようとするな！」

すると、会場全体に同調の声と拍手が鳴り響いた。

「詐欺だと思う人〜」

「詐欺だろうが〜!!」

「誤魔化すな〜!!」

吉山の煽りに会場が乗った。合唱のような叫びの合間を縫って、ＳＤ側の南弁護士が説明を行なうために着席を求めたのを見逃さずに、鶴田が更なる手を打った。

「座ってもいいけど質問時間いくら取るか教えろ〜!!」

「説明会は9時まで──」

「質問を何分取るか聞いてるんだよ！」

「国税に査察入れられて、メディアにも国会にも疑惑の目で見られているのに何が再生だよ！」

「疑惑を明らかにしろ！」

「再生反対！」

「反対！」

「責任逃れをするな！」

私も喉が枯れんばかりに叫んだ。やり過ぎだと河合弁護士が感じた時は、合図をもって私に知らせる手はずになっているので、迷いなく糾弾へ専念できた。

怒号の中でも、吉山の声は一言一句が聞き取れるほど大きく通っていた。

「お金の流れが怪しいですよね～!!」

「怪しい～!!」

会場のオーナー達は、吉山の言葉に全面的に同調していた。彼の言葉は即ち、彼らが抱えていた鬱憤そのものだったのだ。

「絶対許さないし信じない！」

「まずは経緯を──」

「債権者の意見が最初でしょ！　聞いてください！」

「聞きますよ！」

とうとうＳＤの南弁護士が怒り出したが、数で勝る上に怒り心頭の会場メンバーは動じない。

「聞いてないだろ～!!」

「何分質疑応答の時間を取るんだよ！」

「疑惑について答えろ！」

「21時までです！」

南弁護士の声をかき消す程の怒声が起こった。

「だから何分かって聞いてるんだよ～!!」

「隠し事するな！」

その時、河合弁護士が立ち上がった。メンバーはぴたりと声を止め、それに気づいた会場も叫びを徐々に落ち着かせていった。

「30分、30分我慢して説明を聞きます。それから後、21時までは質疑応答の時間でいいですね？」

「は、はい、そういうことです……」

南弁護士は不服そうだったが、会場の張り詰めた空気が異論を挟ませなかった。もしこれに反論すれば、さらなる怒号が巻き起こって進行が全くできなくなると判断したのだ。

「というわけで、皆さん30分は我慢して聞きましょう」

と河合弁護士が言うと、

「はい！」

と会場にいる同盟メンバーは即答した。

「それでは、進めさせていただきます。まずは出席者の紹介から、株式会社ＳＤの代表取締役社長の赤間健太でございます」

「赤間です」

「勝手に社長交代しているなよ！」

「続いて前代表の菅澤」

「逃げてるんじゃないぞ、菅澤！」

「この前の会見はなんだ！　嘘泣きして騙しやがって！」

「嘘つき〜！」彩加の声が通る。

「大地はどうしたんだよ！」

「事件の時の社長だった大地がいないじゃないか！」

「大地に説明させろよ！」

「弁護士の……」

司会者は淡々とＳＤ役員と代理人の南弁護士、裁判所からの出席弁護士らの紹介を続けた。

裁判所から派遣された清水弁護士は、ＳＤの民事再生可否の判断を担当していた。民事再生は妥当であるか、説明会で得た情報をもって裁判所に伝えるために選任された立場であり、キーマンと言ってよい立場だった。同盟メンバーも、抗議や質問の際には清水弁護士に強く印象付けられることを心掛けていた。

その後、赤間から報告とお詫びと称する説明があったが、その内容は予想通りに都合よく作られた内容だった。

曰く、ＳＤの経営不振は、サブリース事業の業績悪化と新築物件の建築停止に伴う建築事業の収益悪化である。サブリースの業績悪化はオーナー達の契約解除が原因で、入居者数が減少し家賃収入も見込めなくなった。何よりも居住者を守るために、民事再生へ踏み切ったので理解のほどを願いたい。

「嘘つき！」

「居住者を言い訳に使うな！」

「ドロボーだぞ、お前ら！」

「なに被害者面してるんだよ！」

当然、オーナー達から罵声が浴びせられた。入居率の偽造や自転車操業、スルガ銀行との結託といった疑惑の部分へは触れずに、どうにかやり過ごそうとする上辺だけの謝罪であったからだ。

赤間に続いてＳＤの弁護士から、民事再生法の適用申請に至った経緯と目的について説明が始まった。あの手この手で、破産ではなく民事再生を行なうことの利を説いてはいたものの、同盟と河合弁護士の指摘で、話せば話すだけぼろが出てくるような状況であった。

「決して責任逃れではなく──」

「だったら破産だろ！」

「民事再生だと借金棒引きで管財人もいないだろ！　嘘つくな！」

「ですから！　居住者を守ることを最優先として――」

「居住者守れればいいんですね⁉　だったら俺のシェアハウスにただで住んでもらっていいですよ！」

「私も提供します！」

「僕も！」

「居住者を全員助ければ民事再生でなくていいんですよね⁉」

弁護士は明らかに答えに詰まっていた。この質問も同盟の会議でSDが居住者を盾にしてきた場合どうする？　という疑問に議論を重ねて出した対処法であった。

法律の上でも居住者は優先される被害者であり、ないがしろにしてしまえば法規的にも、また世間への印象としても悪いものが残ってしまう。何より程度は違えど、シェアハウスに住む入居者達もオーナーと同じく被害者側なのだ。

そこで、シェアハウスの提供が持ち上がってきた。勝利し時間を事件前に巻き戻せるなら、ただであろうといくらでも貸し続けると多くのメンバーが賛成したのだ。

SDの苦し紛れの悪あがきは、団結した同盟の仲間達の前では張子の虎も同然だった。

結局、それを契機とするようにSD役員と弁護士の説明は勢いを失っていった。1の主張をすれば

10の反論が返ってくるような状況の上、取材陣を含めて第三者の目から見ても、オーナーらの言葉に正しさがあるとわかるような内容だったからだ。

そして、河合弁護士が言質を取った通りに始まった質疑応答の時間は、オーナーらの勢いにＳＤがひたすら押されるだけの展開に終始した。

「再生と言っているけど、メイン業務の賃貸経営は他社に移管してるじゃないか！」

「いえ、一時的な措置であり……」

「新規の建築も行なう予定はないって書いてあるぞ！　じゃあ何で収益を上げるんだよ！」

「それを民事再生の中で……」

「居住者守るって言っているけど、この前の記事だと引っ越し費用のことも何も保証してないじゃないか！」

「嘘つき！」

「大地を出せ！　佐藤太治を連れて来い！」

「迷惑かけたくないなら破産だろ！」

会場を揺るがすほどの声の張り合いに、私は喉を枯らしながら参加し続けた。

勝利の裏で

21時、説明会は予定通り終了を迎えた。同盟メンバーも会場のオーナーもまだまだ言いたいことがあったが、河合弁護士の説得に皆は従った。ルールの上で闘うべきという、私の理念が皆に行き届いていたのだ。

そそくさと逃げ出すように壇上を後にしたSD役員を無視して、同盟メンバーは、未だ同盟未加入のオーナーへ声をかけていった。まだまだ仲間は足りない、スルガ銀行を初めとした巨悪との闘いに挑むために、一人でも多くとつながらねばならなかった。

皆、説明会で声を枯らし、汗をかいて疲労の色も濃かったが気力はまだまだ衰えていなかった。

「こんにちは」

「同盟に未加入の方ですか？」

同盟をSD被害救済支援室のような二次被害を狙う団体として警戒する人や、民事再生することの方が被害者にとって良いことであると信じて、状況を理解できていない人もいた。私達は粘り強く対応し、不安で仕方がない彼らに寄り添って、着実に仲間を増やしていった。特に今回は、先頭に立てなかったシュウがよく動き、最も多くの新規加入者を集めていた。

「いらっしゃい！」

早速、鶴田が彼らへ挨拶し、彩加やIT班の面々が事情を聞き出し情報を共有していく。会場に人影もまばらになってきたころ、村上弁護士が私に話しかけてきた。

「お疲れ様です、冨谷さん」

「はい、お疲れ様です。」

「民事再生は阻止できますよ、きっと」

「本当ですか⁉」

「河合先生がいらしたので、向こうの弁護士はびっくりしたみたいです。裁判所から送られた清水弁護士も、説明会の流れを見てＳＤには民事再生に値する正当な理由がないってわかったことでしょう。なにより居住者のケアが万全だったのが大きいと思います。最大の理由をつぶされると、ＳＤにはもう主張するものがありませんから」

「そうですか……安心しました。でも、14日にも説明会はありますから、そこでも気を抜かずに頑張ろうと思います」

村上弁護士は力強く頷いた。


その後の14日の説明会は最早、同盟の独壇場と言えた。ＳＤ側は苦しい弁明でお茶を濁すばかりで、民事再生を行なう正当な理由を何一つ提示できなかった。

多くのメディアでもこの一件は取り上げられ、私はこの勢いのままスルガ銀行を打倒すべしと、兜の緒を締めるのだった。

第2回弁護団交渉

勢いに乗る同盟は、4月17日に第一東京弁護士会館12階会議室で開催された第2回の弁護団交渉に乗り込んだ。

交渉の場に相変わらず会長と社長の姿はなく、金森弁護士らが個別対応にて対処するとの主張を繰り返していた。

「前回から、権限がある代表者に責任をもって出席してくださいと言ってきたんですけど」

「代表者から私達は依頼を受けていますから、その必要はないです」

「代表をこの場に出席させることを拒否されるということですね」

「はい、そうです」

冒頭から、河合弁護士の追及に開き直ったように答える金森に、同盟は怒りを募らせた。

誰かがＬＩＮＥで苦々しげに呟いた、「金森は絵にかいたような悪徳弁護士だ」という一文が私の脳裏に浮かんできた。

「わかりました、こちらの要求である、債務をすべて無くして、不動産を返しての根本的解決に関しましてお答えは？」

冷静に礼節を尽くしている河合弁護士に対しても、金森弁護士はこれまで通りにふてぶてしい態度を崩さない。

「応じられません。私達にとって、そちらの言う根本的解決が正しいものとは思えないからです」

「こちらも拒否ですね？」

「はい」

その後も、金森は被害者達を軽視しているとしか思えない回答を繰り返していった。融資の資料を要求すれば発行依頼書を出せと言い、定期ローンの歩積み両建てを指摘すると、内部調査中で今は回答できない、の一点張り。スルガ銀行の行員が改ざんに関与しており、とうとう被害者の一人に自殺者が出たという報道に関しても、一つ覚えのように知らない、わからないと繰り返していた。

この被害者に関して、私には忘れられない出来事があった。同盟のメンバーでこそなかったが、同じ立場の者が犠牲になったことで同盟には動揺が波紋のように広がっていった。自身も一度は自殺を覚悟した身、激しい憤りを覚えた私は、吉川らとともにその被害者の遺族である奥さんに面会することができないかと五十嵐弁護士に相談していた。

可能であればメディア等に出てもらい、如何に自分達が苦境に立たされているか、またスルガ銀行やSDらが如何に悪らつな所業をしてきたかを世間へ訴えてもらい支持を得ることで、被害者、そして彼女自身、ひいては苦しんでいる皆を助けることができると考えたのだ。

結局それは実現しなかったものの、携わったメンバー達は涙を止めることができなかった。被害者の妻への同情だけでなく、明日は我が身かもしれないという不安が抑え切れなかったのだ。

リーダーたる自分が動揺しては余計に不安を高めると、私は決して涙を見せなかったが、それ以来その光景は片時も頭を離れることはなかった。

当然、それを認めないスルガ銀行の姿勢は唾棄すべきものだった。

紀藤弁護士が、その被害者は団信に入っていたためスルガ銀行が知らないはずはないと反論し、隠蔽の疑いを指摘しても、金森は逆切れするように突っかかる有様であった。


「知らないってことは隠しているってこと？」

「だから知らないって言っている」

「……知らないじゃなくて、教えてください」

河合弁護士が間に入った。

「交渉当初から言い続けてきて、ついに自殺者まで出たんですよ。奥さんと子どもも二人いてね、深刻な問題ですよ。第1回の交渉でお願いしたように、早急な処置をしてくれていたら自殺者は出ないで済んだかもしれないんです。第二、第三の自殺者が出ますよ、このままだと。切羽詰まった重要な問題です。それでもなお、これまでのゼロ回答に等しい、全部拒否というのに変更はありませんか？」

スルガ銀行の側の井窪弁護士が、河合弁護士に答えた。

「現時点では変更はありません」

「……わかりました。でも、ちょっといいですか。あのね、これは子どもの会話じゃないんですよ？けんかじゃないんです。スルガはわかっているはずなんですから、団信の請求があったんだから。なのに、今この場にいる参加者全員が知らないって言っている。それがおかしいから、スルガに確認してくださいってことなんです」

私は頭が痛くなってきた。仮にも弁護士同士の会話であるはずなのに、文字通り大人と子どものやりとりにしか聞こえなかった。同盟のメンバーも同様で、怒りを通り越して呆れ果てた顔が浮かぶばかりだった。

河合弁護士は続けて井窪弁護士へ問いかけた。

「……自殺者が出たことは認識しているんでしょうか？　そこだけ教えてください」

「スルガ銀行としては、個々の状況に応じて柔軟に返済に応じると再三申し上げております。その解決法に、皆さまも協力していただきたいというのが代理人を通してのスルガ銀行の願いです。皆さまが投資で生じた多大の損失で深刻な問題を抱えていらっしゃることも承知しております。これを少しでも軽減できるように私共も努力しております。ただ、皆さまにもご理解いただけると思うのですが、投資の成否は投資家に帰するものであり、債務を肩代わりするということは、本質的には銀行ではできないことなのです」

さっと、メンバーの顔が変わったのと同時に、山口弁護士が素早くそれに反論した。

「今の点についてですけど、今回の投資スキームが正しい投資情報を踏まえてなされているならその通りです。けれど、これまで当弁護団が主張し、資料でもお渡ししたように、資産状況や運用状況の改ざんや偽造がなされていたのであれば、自己責任論は当てはまらないと思われますが？」

金森らは、山口弁護士に同調するように見せつつ、スルガ銀行もリスクを背負っている以上、責任を問うなら法的根拠を示すべきだと言い、それぞれの状況の違いからも個別対応での救済こそが現実的であると我田引水を図った。

すかさず、河合弁護士が猛然と反論を開始した。

「いやいや、ほとんど全員の通帳が偽造されているんですけど？　しかも、いずれも銀行員が被害者達に『ここにこう』と署名をさせて、本人は何も知らないところで偽造が行なわれているんです。わかります？　借入人の文書が偽装されているんです」

「90％が同じなんですよ、書類の偽造と、銀行が原本を確認しないで融資して、実際よりも高い価値の建物を買わせて、キックバックもわざと見落として。歩積みさせて。個別の事情が少しはあるのは認めます。けど、銀行と不動産会社と建築会社が組んでやった大型詐欺事件なわけですよ。

個別対応って言いますけど、弱い立場のオーナー個人と銀行とじゃ、銀行に都合のいいことしかやらないでしょ。得意満面に投資の成否は投資家に帰するもので、銀行は投資の損失を肩代わりすることはできないって言っていますけど、これは一般論でしょ。きちんとした投資ならその通りです。でも、私達が言っているのはそうじゃなく、このインチキビジネスモデルに皆を引っ張り込んだ責任を取って欲しいと言ってるんです。投資リスクの問題として片づけるのは間違いです。これからどんどん、事実は明らかになっていくし、金融庁もどんどん突っ込んできますよ。その時にも単なる投資リスク分担で、銀行には責任が無いって言うんですか？　それは本件の本質を全くとらえてないと考えます」

河合弁護士の話は、脇で聞いている私達にはとてもわかりやすく、かつ理があると納得できるものだった。

実りなき時間

弁護団による、ほとんど諫言めいたスルガ銀行への提案は続いていった。対する金森弁護士らスルガ銀行側は、ただただ責任回避と個別対応の主張を繰り返すだけであった。

SD等との共謀も認めなかった。資料として「自己資金確認書類」を提出し、そこに記されたオーナーらのサインを強調した。

この自己資金確認書とは、他の金融機関で融資を受ける際には絶対に存在しないスルガ銀行固有の書類で、オーナーが保有している他の金融機関口座とその残高が手書きで記載されており、「原本と相違なきことを証明する」とした内容となっていた。これを融資契約時にオーナーへ署名、捺印させていたのだ。

金森は、通帳が偽造されているのなら、なぜオーナー達は自己資金確認書にサインをしているのか。サインをしたのは彼らも偽造を承知していたからであり、スルガ銀行のみに責任を帰するのは正しくないと主張した。それればかりか、スルガ銀行に罪ありとの前提では話は進まないと、その要因が被害者側にあるかのようにうそぶき、私達の要求である代物弁済を真っ向から拒否する有様であった。加えて、言質を取られないように、「今後の調査によって認識は変化する」等と断言せずに逃れようとする卑怯な姿勢に、私達は怒りを禁じ得なかった。

それでも、河合弁護士らは、根気強く金森らへ法的根拠を含めた説明を重ねた。

「抱き合わせ融資や歩積みには、断れば融資が通らないというような説明をし、強制の流れがあったという点は争えないでしょう。それから鬼の首を取ったように、自己資金確認書にサインがあるから、被害者が偽造を知らなかったことはあり得ないと言っているけど、なら、どうして肝心の銀行通帳の原本を出させないんですか？　それと、どういう状況でこれを取り付けたかを聞くと、やっぱり銀行員が指示して書かせている。会社ぐるみの犯罪なんですよ。

こんなもの、そもそも原本を確認すれば済むじゃないですか。普通の銀行はこんな書類を融資で取りますか？　騙されていること、故意に見逃すことの正当性を証拠づけるために用意したものとしか思えません。

これを借入人から取れと上司から言われた行員は『そうか、これを取れば預金通帳の原本を見なくてもよいのだ』と思いますよ。だから、こんな書類を取ったということは、スルガ銀行の組織的犯罪だという証拠なんですよ。

もっと調査をしなければいけないと思いますし、確定的なことは申しません。金融庁にも警察にも出して、きちんと法的な解決・決着をつけないと。でも、その中でフリーローンについてはどう思われます？　利用しないお金を借りさせられ、そのまま高い金利で定期預金や定期積立させられているわけですけど、任意ではこんなバカな使い方はしませんよね」

金森は不貞腐れたように答えた。

「だから、個々で状況は違うわけですから個別対応なんですよ。弁護団の方にまとめていただいて、代理として対応していただければ当方も──」

「では、その対応の場合、その間は支払いを留保してもよいと言明いただけますか？」

「銀行は皆さんの立場を十分に理解し、破滅に追い込むような意図はありません。ただ、これまでも申しました通り、損失の肩代わりは当然のようにずっと言われ続けてしまうと、こちらが追い込まれてしまいます。そうなってしまうと、不良債権として……」

河合弁護士が鋭く切り込んだ。

「不良債権の話になりましたが、当然この問題にも監査法人が入りますよね。ＳＤ関係の債権について、引当金などは会計上どう処置されるのでしょうか？」

「それはわかりません、内部の会計については全くわからないです」

弁護団の追及は続いた。１０００~１５００件に上る債権をどのように株主総会で報告するのか、わからないということは会社としての見解も決定していないのか。大きく取り上げられる事柄と思われるため、早急に知りたい。

また、被害者達と弁護団は今回の事件をスルガ銀行、ＳＤ、関係会社が共謀して起こしたものとの見解を崩さない。断固として正当な方法で責任を追及していくつもりである。

ＳＤの民事再生説明会においても、スルガ銀行は金融債権者に入っておらず、ＳＤが破綻していても損失が生じないとわかった。ＳＤや被害者が破綻寸前であるのに、スルガ銀行のみが無傷であるという図式は甚だおかしい。

融資自体も、スルガ銀行横浜東口支店で大部分が行なわれており、これを個別の案件と片づけることは、問題の希釈化を図っていると見られても仕方がない。一方、建築途中の建物の融資を止めたという事実も複数確認されている。これは契約が個別対応であるならば、まだ問題が表面化していない時点で個々の融資を止める道理はないはずなのに、なぜ融資が銀行都合で勝手にストップされるのか。スルガ銀行は個別対応を主張しておきながら行動が矛盾していて、銀行は至急にその理由を回答すべきである。

それらへのスルガ銀行の回答は、相も変わらず断言を避けたその場しのぎの言い逃れと言ってよい内容であり、最早まともに答える気がないのではと思われても仕方がないほどのものであった。

最後に、鶴田ら同盟のメンバーが意見を述べた。それはスルガ銀行の不誠実な対応への不信感を示すものであり、特に偽造を被害者達も知っていたという言には真っ向から反論し、膨大な書類を前に銀行員に促されるまま、あるいは判子を握られてサインした当時の融資現場の状況を説明した。

スルガ銀行が証拠として提出してきた資料に関しても、自己資金確認書類を初めとし、銀行側に都合のよいものばかりで、私達が真に求めているスルガ銀行に不利なものが含まれていないことへの不満を訴えた。

同盟一同は、怒りというよりも呆れや徒労感に苛まれていた。前回から時間も経っているのに、スルガ銀行の対応は変わらないどころか、より稚拙で礼を欠くものとなっているように思えたからだ。

第3回の弁護団交渉は5月8日に設定され、弁護団はスルガ銀行での交渉を強く求めた。自殺者まで出ているのにスルガ銀行の態度には変化がなく、議論は平行線を辿っている。私は河合弁護士ら弁護団への感謝を欠かさず、同盟メンバーへも檄を飛ばすことを忘れなかったが、進展を期待していただけに、ゼロ回答で終わった結果に徒労感を感じずにはいられなかった。

だが同時にそれは、スルガ銀行、そして金森弁護士のように罪を認めず責任逃れを図る姿勢を許すまじと、決意を新たに闘う覚悟を決める糧ともなった。

第3回弁護団交渉

翌4月18日、正式にＳＤの民事再生が棄却され、オーナー向け説明会に出席していた裁判所から派遣された清水弁護士が、破産手続きの際の管財人となることも決定した。

24日には、2回目となるスルガ銀行東京支店前でのデモも決行され、情報収集や話し合い、新規入会者へのケアと並行し、5月8日の第3回弁護団交渉に向けて同盟は活発に活動を続けていた。私達は、今度こそ交渉に進展があることを切実に願い、弁護団とも密にやりとりをしつつ戦略を練っていたが、その想いはまたも裏切られることとなった。

私を初めとする50名ほどの同盟メンバーは、またもや15時開始当初から怒りと呆れを隠せなかった。ここに至っても岡野会長も米山社長も顔を見せず、開催場所もスルガ銀行でなく、第一東京弁護士会館であったからだ。

初手、河合弁護士が証拠として、販売会社社員がスルガ行員へ偽造に関する電話をし、あろうことか行員がその斡旋を指示する音声を提出した。

これは河合弁護士が手に入れたもので、行員の名前まで判明していた。スルガ銀行が偽造に関係している証拠であり、報道機関による裏付けも取れ、これまでひたすらに偽造とは無関係であると主張してきた彼らの嘘が暴かれた瞬間だった。

ところが、金森は情報が未確認であると回答を拒否した。

続いて山口弁護士が、具体的な偽造法について、同盟メンバーらに協力を仰いで説明を始めた。

先頭を切ったのは私であった。改ざん前の資料と改ざん後の資料を交互に見せ、30万円しか入っていなかった三菱東京ＵＦＪの口座が改ざん後には９００万円近くあるように書かれていると主張した。百万円の位が追記される偽造であり、わかりやすい事例であった。私の場合は、他の金融機関の口座に子どもの教育費として数百万円の金額を貯めていたが、どういうことか少額の三菱東京ＵＦＪの口座と、ジャパンネット銀行の口座を利用して改ざんをしていたのが解せず、代表として説明者に立候補したのだ。

また、金森にも一言モノ申したい気持ちもあった。

「先生方は一生懸命スルガ銀行を弁護していますけど、逆命利君という中国の言葉をご存知ですか？　時には命令に逆らってでも主君に正しいことを進言するのが本当の忠誠という意味です。要は、クライアントであるスルガ銀行が間違ったことをやっているのに正さないで、不正を弁護し続けることは、本当の意味でクライアントのためにはなっていないということを理解していただきたい」

しかし、金森の辞書には「逆命利君」という文字はないらしい。彼は私の発言の重箱の隅をつついて、私が偽造を承知していたという流れに持っていこうとするばかりであった。他にも数名が実例をあげて迫ったものの、スルガ銀行は揚げ足を取ることに終始した。結果、同盟の怒りは収まることを知らずに高まり続けた。

「一点いいですか？　スルガ銀行は自己資金確認資料を出して、鬼の首を取ったようにオーナー達も偽造に関与していた、スルガ銀行も被害者だと主張していますけど、それは全然違いますよ。被害者の皆さんは、当日に書かされた膨大な書類の中で流れ作業的にこの書類にもサインをしていて、いわば全然覚えていないわけです。行員にこういう金額を書いてくださいって指示されて、書かされた人もいるわけですね。疑問に思っても、あのスルガさんだからと信用して書いたわけです。これでは偽造に関与していたとは到底言えないでしょう。先ほどの音声資料もですが、スルガ銀行の行員が偽造を示唆していることが明らかになった以上、早急に調査すべき義務があります。情報はまだまだありますよ。自己資金確認資料にこだわってらっしゃるようですから言いますが、これは我々に有利な証拠になります。原本確認をしないでどんどん融資を進めろという現場スキームが築かれていたことの証明なのですから。わかりますか？　スルガ銀行が悪意を持って、組織的全面的に極めて杜撰な業務をしてきたってことをこの自己資金確認資料が教えてくれているんです」

河合弁護士のこの意見に対しても、スルガ銀行側の弁護士らはあくまで認識の違いであると言い張った。仮にも企業勤めをする社会人であるならば、書類のサインを認識していないとはあり得ないというのである。

不正に関しても、存在していたとしても一現場での出来事であり、スルガ銀行は調査し浄化を望んでいる等と詭弁を弄したのだった。しまいには、これ以上は第三者に判断してもらうしかないと開き直りさえ見せた。

紀藤弁護士が浄化という言葉にすかさず斬りかかった。浄化を望むというなら、偽造書類に判子が押されていた、つまり原本確認をしていなかったことはどうするのか。聞こえのよいことを言っているが、中立性のないスルガ銀行顧問弁護士の口から出ていては画餅に過ぎない。結局のところ、銀行を護ろうとしているようにしか見えなくなってしまう。

河合弁護士も続けた。

「第三者へ判断を仰ぐと言ったが、ではなぜ第三者委員会が未だに設立されていないのか。調査と言うが、態勢も整えずに口先だけでは誰からの信用も得ることができない。スルガ銀行はこれまでも調査する、確認をすると返答しているが、実のあるものは皆無です。次回ご返答をいただきます。第三者委員会の設立を！　それも世間が納得するものをです！」

スルガ銀行側の井窪弁護士が回答した。

「第三者委員会と言うよりも、当方は最後は司法判断です」

「裁判か刑事事件にするんですか？　そんなの待ってられませんよ！　司法がそんなスピード解決で被害者を救済しますか？　第三者委員会で早くやってもらわなければだめですよ！」

河合弁護士の井窪弁護士、さらには背後のスルガ銀行に対する強い追及に、私は内心で喝采を送っていた。

実は、前回の弁護団会議の中で、スルガ銀行側の「オーナーは皆自己資金確認資料を書いている」という発言に対して弁護団内でも「確かにみんなサインしているからなぁ……」と悲観的な意見が出た一場面があった。

これに違和感を持った私は、「自己資金確認資料は、右へ倣えで皆書かされています。これはスルガが自分達の不正を正当化するための行為で、自己資金確認資料を書いたことは私達にとって不利なことではなく、むしろ有利なことにはならないですか？」と弁護士に質問した。

すると、河合弁護士はすぐに「そうか！」と同調してくれた上で、翌日以降、知り合いの金融機関を当たり、原本を確認せずに自己資金確認資料を書かせることが果たして一般的なことなのかどうかを確認してくれていたのだ。河合弁護士の情報をすかさず活かす手腕と、被害者を第一に考えてくれる態度には敬意を表さずにはいられなかった。


河合弁護士と井窪の応酬は続いた。

「……現場での、極めてその、ルーズな流れがあったことについては、我々か調査委員会かわかりませんが調べることになります。ですが、仮にそこで融資が杜撰であったと判明しても、当銀行としては融資を受けた方の返済を免除するという発想は全くありません。それはまったくの別問題ととらえています」

「それはそちらの決心の問題です。私達は今回の事案は白紙撤回しかないと思っていますので」

「河合先生は訴訟には時間がかかるとおっしゃってるけど、白紙撤回にしろ、債務免除にしろ、そう簡単にできるものじゃないし、早く解決するのを望むなら、もうちょっとなんかうまく動かそうという発想はそちらにないんですか？」

同盟に小さくどよめきが起こった。いきなり横槍を入れてきた金森の言いようは無礼であったし、弁護士の発言とは思えない稚拙な中身のない内容だったからだ。

河合弁護士はそれに対しても怒ることなく、冷静に返答を行なった。

「すべては事実がはっきりしてからの交渉を考えています。スルガ銀行の責任をあやふやなままで進めれば、そちらに有利な不適切な解決がもたらされるだけです。今、金融庁も立ち入り調査し、私達にも同盟の皆さんにもどんどん情報が入ってきています。一つひとつ適当にやりましょうだなんて、今のスルガ銀行との交渉に応じる気はありませんよ。金融庁の調査結果も出て、行政処分もされて、先ほどの調査も行なって、はっきりしてからの交渉をするのが一番早い解決法なんです」

金森が茶々を入れた。

「じゃあ早くやりましょうよ」

「早くやりましょうよって、だってスルガは自分達が悪いって認めてないじゃないですか。今やってる他の人達との和解はどうです？　7月末までしか効果はなく、金利を下げますというだけ」

河合弁護士は、金森へ鋭く反論すると同時に、資料として持参した新聞を手に取った。スルガ銀行が前述した対応をしたことで、和解に至っていると記事には書かれていた。

「そんなので和解したって報道させて、一体何の解決になってるんです？　ここにいる皆さんは、誰一人納得してないし応じる気はありませんよ」

井窪が河合弁護士に噛みついた。

「いや、7月末で終わりじゃなくて、6カ月ごとに更新を行なって、その間収益を高めていただくという期間なんです。7月末で終わるということはありません。元金据え置きやレートダウンも……」

山口弁護士が井窪へ指摘し返した。

「元本カットは認めてないんですね」

「そうです、とりあえず期間中にフル稼働していただいて、将来の収益計画を出して、それを踏まえて最終交渉をするという前提の段階なんです」

河合弁護士は矛盾を見逃さない。

「じゃあ和解じゃないじゃないですか。新聞には300人と和解ってありますよ」

「ですから、和解ではなく暫定合意です」

金森が横から口を挟んできた。

「延長の用意もあります」

河合弁護士は間髪を入れず、彼へ矛先を変えた。

「延長して最後はどうなるんです？」

「そりゃ皆さんにも、賃借人を入れるとか努力してもらわないと」

「努力してもできなかったら？」

「そりゃその時に考えますよ」

同盟から冷ややかな視線が金森へ浴びせられた。最早弁護士を見る目ではなく、ひたすらに邪魔で足を引っ張るだけの存在にしか映っていなかった。

「何年考えるんですか？　一生スルガの債務奴隷になれっていうんですか？」

「いつまでもそうやって言ってください。解決にならないから」

河合弁護士への無礼な金森の言いように、怒って立ち上がりかけた鶴田を私が抑えた。

「銀行としては、とにかく改ざんの事実があったとして、その指摘はありがたく思うし改善に努めていきますけど、だからといってじゃあ融資の返済は不必要ですとはならないんですよ」

「本件は単なる融資の案件じゃないでしょう」

井窪の呆れた言い分に対し、山口弁護士は私らへ手を向けて見せた。

「ここに居る皆さん、被害者達は家が欲しくてスルガからお金を借りたってわけではないんです。SD等に勧誘されて、『かぼちゃの馬車』シェアハウス投資ならスルガ銀行が全額融資してくれると聞いてその気になったんです。わかりますか？　これは錯誤詐欺なんです、被害者と、スルガ銀行、SD周辺会社が共謀して行なった。1億円も借りられて、サブリース賃貸が30年も保証されて、十何万円も利益が出てって。スルガ銀行は年収の約10倍の融資、1000万円なら1億2000万円みたいに言っていたようですよ。けど、その頭金である年収から偽造されている。もうこれは、ビジネスモデルが偽造する以外にないものなんですよ。それで、スルガ銀行やSD、建設会社や不動産会社も改ざんに関与してる、相当根深い問題ですよ」

続く河合弁護士、紀藤弁護士らの追及にも、スルガ銀行はひたすら関与と違法行為の存在を否定するのみだった。とにもかくにも、責任を回避するのに見苦しくあがいていた。

「さっきの音声、改ざんにスルガの行員が関与していたのは明白でしょう」

河合弁護士の言葉を井窪は否定した。

「まだ事実確定していません。仮にそうだとしたら、失礼な言い方ですけど、業者とお客様と銀行担当者が改ざんをして、本部審査を偽ったという筋書きにしか思えません」

私は、鶴田や同盟メンバーが暴発しないか確認したが、怒りよりも呆れが先にきたのか、ただ冷めた目で金森らを見ているだけだった。

山口弁護士、紀藤弁護士が井窪へ集中砲火を浴びせる。

「……いいですか、被害者達はスルガにこうした改ざん書類を出しているって認識している人が一人もいないんですよ。確認書も受け取ってない」

「結局、第三者委員会が発足してないことで、スルガ経営陣がこのことを知っていたんじゃないかって疑いが残っちゃうんですよ。今、資産査定していますよね？　この問題でどれだけ負債が出て、貸し倒れ引当金が出るか。本物の給与明細や通帳がないのにどうしてできるんです？　偽造書類でやってうまくいくわけないのに。おかしいでしょ常識的に考えて」

「いいですか。私は結構スルガ銀行と付き合いがあるんです」

私を含めた同盟メンバーが、いきなり何を言い出すのかと金森を注視した。

「住宅ローンとか、結局払えなくなって競売してみたらマイナスが出た、なんてことは結構あるんです」

「……銀行だったらどこでもあるでしょうね」

やや困惑した様子で山口弁護士が反応した。

「だから、甘い査定と辛い査定があるじゃないですか。スルガは甘い、その分金利が高い、そういうモデルなんです」

「……だから偽造してもよいと？」

金森が山口弁護士に、わからない奴だと言わんばかりに首を振った。

「ですから～、これは私の個人的見解ですけど、皆さんが銀行で改ざんされているのを全く気づかなかったと言われると『本当かな？』って思うわけ。先ほども言及ありましたけど、言い方悪いけどオーナーさんと業者がグルになって――」

同盟の怒りの熱がまた高まった。グルという言葉を、それも誠意なきスルガ銀行の象徴のような金森に出されては冷静ではいられない。

バンッ！　と机をたたく音と同時に、

「ふざけるな！」

部屋を震わせるほどの怒声が放たれた。

その声の主は、私であった。立ち上がり、金森らへ怒りを叩きつけていたのだ。

「知らないと言ってるだろ！　さっきからなんだ！　私達がグル⁉　ふざけるな！　あまりにも失礼だろう！」

「冨谷さん！」

奥山に小さく声を掛けられて、私は軽く頭を下げて座り直していた。冷静に対応すべしと日頃から皆に言っている私ではあったが、ここは被害者として聞き捨てならない重要なポイントであり、断固たる対応をする必要があると考えての咄嗟の行動だった。

交渉は何事もなかったかのように再開した。ただ、金森のふてぶてしい態度が、僅かながら陰ったように見えた。間違いなく効果はあった。

「グルと言うなら、スルガとSDと他の会社ですよ」

山口弁護士は流れが途切れぬように指摘をした。

「スルガは優良銀行だから、借入人はその気になったわけです。兎に角、わからないことだらけですよ。なのに話し合いましょう、解決しましょうってスルガは言い続けている。債務免除は拒否して、どんなに不正があったとしてもそこは変えませんよと。正義の解決ができないじゃないですか」

「法律的根拠がないんです、だったら訴訟すればいいじゃないですか」

ふざけた金森の言葉に、河合弁護士が冷静に反論した。

「だからそういう理解がおかしいんです、債務を返さなくていいって言ってるんじゃなく、騙されて取得した不動産と債務を代物弁済で解決しましょうと提案しているのです」

「それをお断りしています」

にべもない井窪に、河合弁護士が声の調子を強めた。

「断れる状況じゃないでしょ。法律の話じゃなくて責任の取り方としての代物弁済ですよ。訴訟でいいなら法律的にはいくらでも方法はあるけど、10年20年かかっちゃうでしょ。みんな死んじゃいますよ。スルガ銀行の弁護士さん達はね、不正の盾になっていますよ。責任認めないで債務は絶対に返すように言えってスルガ銀行に言われているんでしょ。第三者委員会も設立しない、会長も社長も役員も出て来ない。それから、株主総会が近いけど、事実関係の確認はどうするんですか？」

「監査法人と協議しています」

二人の舌戦が続く。

「私達としては不正行為の確認と社会的責任が確定しない状況では、監査はできないと思っています。監査法人へ、偽造されている不正確な資料に基づいての債権の査定を行なっていると申し入れをします」

「はいはい。それはぜひ。一言申し上げたいのは、ここにいらっしゃるのはそれなりにご資格のある方々と思います。であれば、公開企業が法的責任もなく損害を引き受けるのは大変なことであり、今のところは無理であるとわかっていただけると――」

「私達はそう思っていません。責任をとっていただきます」

河合弁護士の宣言に、同盟メンバーは一斉に頷いた。

「だからそれなら裁判を──」

井窪に畳みかけるように、河合、山口、紀藤弁護士が言葉を叩きつけていく。

「違法行為の証拠はいっぱいありますけど？　早く第三者委員会をきちんと設立して結論を出してください。それと、債権をサービサーに売るという噂がありますけど、私達は絶対に容認しません。強引に売るなどということがないように、銀行にしっかりと伝えてください」

「スルガにはどうも他人事みたいな感じがありますね。偽造の調査を早々にしなければ監査に影響するのに、我々が要求してから1カ月以上もかかっている。これは異常ですよ。協力すると言っているのですから、私達が早急に出して欲しいと言っている書類は出してください。それで調査は？　株主総会はどうするんです？」

「SDの破産も必至ですし、いつまでもこの話をするつもりもありません。早急にしかるべき道筋をつけなければと思っています」


その後も進展のない交渉が続き、同日16時45分、交渉は終わりを告げた。

そそくさと立ち去った金森らを尻目に、弁護団は次回29日に4回目の交渉予定を立て、会議内容のまとめと次回に向けての作戦会議に動いた。

「冨谷さん」

河合弁護士が私に話しかけた。

「冨谷さんが怒ったの、よかったね」

河合弁護士は悪戯っぽく笑った。

山口弁護士も笑っていた。

「今日の怒りを今度のデモにぶつけましょうよ」

同盟メンバー達も次々に声をかけた。

「そうだね。今日の交渉を見て、みんなも怒りが充てんされたよね。デモのシュプレヒコール、大きな声でみんな頼むね」

代表としての責任は重く、大変ではあるが、仲間が自分を助けてくれているように、自分も皆の助けにならねばという気持ちが私の熱量をますます上げるのだった。

第三者委員会の設置

3回目の弁護団交渉から1週間が経った5月15日、SDの正式な破産が決定した。

同盟メンバーや弁護団の調査により、この時点ですでにSDの経営陣らは一通りの資産を関係者に資金として流すなどして移転を完了させており、同社には財産がほとんど残っていないとわかっていた。破産が遂行されたとして、私ら被害者オーナーに資金が戻って来るわけではない。

だが、スルガ銀行とのつながりが隠蔽されるという最大の危機を乗り越えて、強情なスルガ銀行を揺さぶることができるだろうと同盟は期待していたのだった。SD並びにスルガ銀行も報道で名が出ることも多くなり、決して停滞してはいないと皆で互いを励まし合った。

また、同日ついにスルガ銀行に第三者委員会が設置された。

実は、2018年1月にも事実関係を調査するとの名目でスルガ銀行による「危機管理委員会」が設置されていた。だが、その実態は外部者とは名ばかりのスルガ銀行の息がかかった者達で構成されており、調査結果も違法行為は認めても、金森らが主張するようにあくまで現場の一部行員の手によるものであり、スルガ銀行は無関係であると結論付けていた。真相に関しても、当事者が辞職や懲戒により組織を去っているために究明に時間がかかる等と述べるばかりで、公正な立場からの見解とは言えなかったのだ。

今回の第三者委員会は、スルガ銀行から完全に独立した立場の弁護士らで構成されており、公正な調査とその結果の速やかな公表が約束されたものだった。この件はテレビ番組でも放送され、同盟は惜しみなく資料や情報を提供し周知に努めた。

それまで闇に包まれていたスルガ銀行内部へメスが入ることとなり、私と同盟メンバー達は快哉を叫ぶと同時に、さらなる攻勢をかけるべしと、六本木にある岡野会長宅への抗議とスルガ銀行への更なるデモへと準備を進めていった。

人間は、負けたら終わりなのではない。あきらめたら終わりなのだ

リチャード・ニクソン

妻の涙

その電話がかかってきたのは、同盟活動に私が勤しんでいた、ある夜のことであった。

「もしもし？　ああ、久しぶり。え？　恵美が泣いてる？　うん、うん……わかった、すぐ迎えにいく」

電話の主は妻の同期生であった。この日、妻は久しぶりに開かれた同窓会へ出席していたのだが、その最中、突然泣き出して止まらなくなり、泣きながら帰ったというのだ。原因はわからないが放っておけず、夫である私に一報を入れたということだった。

私は家を飛び出して、急ぎ最寄りの駅へ向かった。妻の携帯へ何度も電話をかけていると、泣きながら改札を出て来る彼女の姿を発見し急いで駆け寄っていった。

「大丈夫か？」

「……うん」

ひとまず、家へ帰るべく歩き出した。駅には人もまだ多く、好奇の目に晒されたくはなかった。

人気のない夜道を歩いて行くうちに、妻は幾分か落ち着きを取り戻したようだった。

「ごめん……」

「いいんだ。それより、どうした？　……まさか、誰かに何かされそうになったのか？」

私が心配したのは、かつて元スルガ銀行の行員から聞いたような、反社が関係する犯罪に彼女が巻き込まれたり、脅迫されたりしたのではないかということだった。

同盟内部でも不安の声が囁かれており、被害防止のための打ち合わせを重ねていたところだった。活動を隠し彼女へ不安を与えていた過去を反省し、私はその危険も事前に告げていた。

が、妻の涙はそれとは別の要因によるものらしかった。

「そうじゃないの……でも、どうしてかもわからない、涙が止まらないの……」

「……」

「ごめんなさい……」

私には、彼女が嘘をついているようには思えなかった。そもそも、嘘をついて事態を悪化させてもいいことはない。互いにこの事件に関係する夫婦のことで、嘘をついたり隠し事はしないと約束を交わしたばかりだった。

「俺の方こそ……ごめん」

私には、妻が泣いている理由がよくわかった。不安が一気に溢れ出したのだ。先行きの見えない闘い、生活への影響、考えてみれば不安を感じる要素ばかりが今の生活に蔓延していた。

そこへ、同窓会というイベントが来た。当然楽しいことであり、気も緩むだろう。そして、ふと思ったに違いない。友人達はこんなに楽しく過ごしているのに、自分はどうだろうかと。あとは時間の問題であった、一度感情の堤防が決壊してしまえば、止めることはできなくなる。不安が涙という形で、表面化したのだ。

同窓会への参加を勧めたのは私である。少しでも気分転換になればと思っていたが、それがよくなかったのかもしれない。

「ごめん……」

私は頭を下げるしかなかった。そして、妻へ緊張を与えてしまっている自分、そしてその元凶であるスルガ銀行、SDへの怒りをより一層高めた。

数日後の5月20日、六本木にそびえる高級タワーマンションの前で、私ら同盟メンバーは、テレビ局のカメラを従えてデモを行なっていた。目標はタワーマンション内の岡野会長宅であり、いまだに交渉の席へ姿を現さない会長自身へ向けてのものであった。

日本橋での手順と同じく、通行人に向けて主張を行なったが、やはりまだ認知度は低く、返ってくる反応も芳しいものではなかった。

休日の開催ということで、そもそもの同盟の参加者が少ない上に、これまでのスルガ銀行東京支店前でなく、雰囲気の異なる六本木周辺へと環境が変化したことも、同盟メンバーにはプレッシャーを与えていた。

「皆さん聞いてください！　どうか！　スルガ銀行がいかに不誠実な対応をしてきたか、それだけでも頭の片隅に残していってください！」

その中にあっても、私はマイクを力強く握り、人一倍大きな声で主張を繰り返した。仮に、通行人の反応が悪くても、この様子をテレビ放送で使ってもらえれば上出来である。なんとか使ってもらうためには、絵になるデモの力強さが必要だし、それができなければ、わざわざ来てくれたテレビカメラにも申し訳ないとも思っていた。


そして、デモを無視して通り過ぎる通行人達の中に、一人だけその様子を見つめている女性の姿があった。

私の妻、恵美である。

家族を問題に巻き込みたくないと常々思っていた私だが、先日の同窓会の一件もあり、少しでも彼女へ自分達の活動を知ってもらおうと、同窓会後に帰宅して落ち着いたところを誘ったのだ。

「今度の日曜日、岡野が住むタワマンの前で、デモをするって決めたんだけど、一緒に行かないか」

「行く」

一言、妻はそういって私についてきた。そして、デモの始まりから終わりまで、同盟の活動を見守り続けると、私へ寄り添い労いの言葉をかけた。

「お疲れ様」

「ありがとう」

「皆さまも、お疲れ様でした。お休み中なのに本当に大変ですよね。でも、がんばってくださいい」

妻は、同盟メンバーにも挨拶をして回った。いつもの賢く冷静で、優しい妻の姿がそこにあった。

それは私に安心と同時に闘うための活力を与えてくれた。

「絶対に解決する。時間を購入前の状態まで巻き戻すよ」

「うん、その意気」

私の約束に対して返した妻の微笑みには、まだ陰が見えた。

私は、必ず彼女の元の笑顔を取り返してやると、より強く誓い直すのだった。

株主総会へ向けて

同盟内では、近頃頻繁にある言葉が交わされるようになった。

「株主総会の準備はどう?」

「質問の数は?」

「当日、迷わないように集合場所を決めよう」

6月28日に開催予定のスルガ銀行株主総会についてである。

3カ月ほど前に吉川が呟いたのをきっかけに、少しずつ積み重ねてきた準備が役に立つかどうかを確かめる機会がやってきたのだ。

同志を募り、30人ほどでスルガ銀行株を購入し、株主総会へ参加する権利を得ていた。保有株は微々たるもので、たとえ意見を述べてもスルガ銀行の身内である大株主による意向が優先されるために採決を覆すことはできない。私らの真の目的は、スルガ銀行の悪行と不誠実な対応を株主達に訴え、ひいては世間へ知らしめて世間を味方にすることであった。

そのためにも、注目を引く株主総会としなければいけない。河合弁護士らの助言を仰ぎ、多くの質問を用意し、抗議の声を上げるための練習を重ねた。

鶴田、吉山のコンビが先陣を切り、4月のSD民事再生説明会の動きを参考に、どうすれば会場の主導権を握れるか、同時に排除されず長く居座れるかの作戦を綿密に計画した。

「米山、辞めろー！」

「辞めろー！」

「もう一回！　辞めろー！」

「動議！　動議！」

「議長の進め方に疑義があり、議長交代を要求します！」

「米山辞めろ～!!」

米山社長、岡野会長ら経営陣へのいわゆる「辞めろコール」の練習のために、会議室を借りて発声練習も行なった。多くのオーナー達は、多忙な中でも時間を捻出し、スルガ銀行へ立ち向かうための準備に勤しんでいた。初めて経営陣と直接やり取りができるのだ、抜かりがあってはならないとその熱意は並々ならないものだった。

その一方で、株主総会への参加に対しては、未だに否定的な声を上げる者もいた。

2：8の法則というものがある。パレートの法則ともいい、発見した同名の経済学者によって名付けられたものだ。売り上げの8割を占めるのは、全体のうちたった2割の商品である。要するに、物事の大勢は少数の存在によって決定されるとする思考だった。

同盟もその例外ではなかった。人生をかけた闘いであるはずなのに、大勢いるから自分一人やらなくても平気だろうと消極的になる者は残念ながら一定数存在した。一人そうした者が出ると、連鎖的に周囲へ広がっていき、サボタージュを行なったり、何ら活動をせずに得られた利益にだけあやかろうとする者が出るものである。

その都度、私や執行部は彼らを叱咤激励し、同盟の団結を促していったが、その間の停滞や負担にうんざりしつつあるのも事実であった。

加藤博太郎弁護士

株主総会に向けて同盟が注力している中、5月29日にテレビ番組「ガイアの夜明け」で「かぼちゃの馬車」投資詐欺事件についての特集が放映された。

それは今までにない詳細な内容を伝えるもので、視聴者らにSDやスルガ銀行の悪らつな手口を強く印象付けるものだった。中でも大きな反響を呼んだのが、スルガ行員が販売会社へ改ざんを指示したLINEの存在だ。そこでは資産証明をエビデンスから「エビ」という略語で呼び、上司からの催促があるため、金額まで指定した上で早めに提出して欲しいという生々しい呟き「エビどう？」が記されていたのだ。

このニュースは大きな話題となり、スルガ銀行への注目度はますます高くなっていった。同盟は快哉を叫び、急増した取材依頼や、参加を求めるこれまで単独で闘っていた被害者達への対応で嬉しい悲鳴を上げていた。

この立役者となったのが、加藤博太郎弁護士である。

彼は弁護団設立の翌日に、私を含めた13名の被害者オーナー達から委任を受けた弁護士であった。弁護団とは別で、スルガ銀行を除く、SD、不動産会社、建築会社をまとめて訴訟する際に助力を請うており、弁護団が結成されてからも、河合弁護士が率いる弁護団を巨艦、加藤弁護士が率いる13名をゲリラ戦のための小船として、私は互いの橋渡しをした上で協力態勢を構築していった。

私の目論見は見事に的中した。加藤弁護士はその軽いフットワークで多くの情報を収集し、SDやスルガ銀行等に不利な証拠を次々と提供してくれた。特に、巨艦である河合弁護士ら弁護団の標的になることを恐れた業者が、情報を出すから不起訴にしてくれと加藤弁護士へ泣きつく、あるいは彼を恐れて河合弁護士へ泣きつくといった事例が頻発した。

今回のLINE「エビどう？」は彼が自らの足で稼いで収穫したものであり、その恩恵は計り知れないものだった。


「やってくれたな……加藤先生」

自宅でその番組を見ていた私は、思わずそう呟きガッツポーズをとっていた。

この数日前、加藤弁護士から私へ電話があった。それはスルガ銀行の特集が放映されるから楽しみに待っていてくれという内容だった。

私はそれを誰にも話さなかった。というのも、加藤弁護士から「放送が始まるまでは他に話さないように」と固く口止めをされていたからだ。もし、このことが漏洩してスルガ銀行の耳に入ったら、TV局へ圧力がかかり放映が中止される恐れがあったためである。

実際に、放送終了後には金森から加藤弁護士へ恫喝とも受け取れる内容の電話があったが、それに屈しない機敏な活躍により、同盟での加藤弁護士の人気は高まっていった。そして同時に、私が加藤弁護士への委任を決めた判断も評価された。

「株主総会、見ていてください。必ずスルガに一撃を食らわせてやりますから」

今度は自分達の番だ。私は高ぶる気持ちを抑え、質問事項の確認へ精を出すのだった。

顧客（非）対応室

株主総会の直前、6月26日に私と同盟の数人がスルガ銀行東京支店へ足を踏み入れていた。目当ては、スルガ銀行がシェアハウス関連融資等の問題に対応するためと設置した、顧客対応室である。対象は未だに同盟に属していない個別のオーナー達だった。

米山社長直轄の組織であり、約50名の常駐専従職員から構成されている。野村不動産や三井不動産から助言や支援も受けていると謳い、いつでも来訪を歓迎し、お客様本位の姿勢で真摯かつ丁寧な対応をとる等と聞こえのよい言葉がホームページに並んでいた。

当然、それを素直に受け取る私達ではない。被害者という名称を使わないことから未だに罪を認めていないのは明らかだったし、これまでの対応や弁護団交渉でスルガ銀行が到底そのようなことを実行できる組織ではないとわかっていた。それでも、何か情報を聞けはしないかと、仕事の合間を縫ってやって来たのだった。

受付のインターホンで冨谷であることを告げると、そのまま「確認します」と返事があった後、数分間何の動きもないままに私達は待たされた。ようやく男性職員2名が姿を現したかと思うと、開口一番にアポイントメントがないために対応ができないと言い放ってきた。

受付から中を覗き込むと空の商談スペースが並んだ対応室の区画が見える。

「こちらに専任の行員が50名は異動しているんでしょ？　なのに、今対応できる人が一人もいないの？　私達は困って相談に来ているんですよ。じゃあ、今からアポ取りますから、面談お願いしますよ」

「いえ、その、事前にアポを……」

「いや、他のお客様は誰もいないんですけど？　会議室も空いていますけど、全部！　営業時間内ですよね、今？　行員さんはなにしているんですか？　今日、結構無理して来てるんですけど。誰もいないんですか？」

私らは刺々しい態度を取らざるを得なかった。何しろ、行員は椅子も勧めず立ち話のままだったからだ。

「ルールですので……」

同盟メンバーの一人が尋ねた。

「誰が決めたルールですか？　対応室長？　そもそも責任者は？」

「責任者は……」

「設置したっていうから来たんですよ⁉　顧客本位ってホームページにありましたけど、どこが顧客本位なんですか⁉」

「あの……」

「行員の皆さん全員が顧客の対応中ならわかりますよ、でも違うでしょ⁉」

「いえ、事前にどういう用件なのかをうかがって、アポイントメントを……」

行員は私らの質問に対して、しどろもどろの受け答えしかできなかった。

「門前払いですよこれ。あなたが同じことされたらどう思いますか？」

「申し訳ございません。ですがルールが……」

「客観的に見てどうなんですか？　あなた個人から見てです。おたくの社長がこの前の会見で言ってましたよ。ぜひいらしてくださいって」

「すいません……私個人からは何とも……」

呆れてメンバーが愚痴った。

「信頼を取り戻そうってスタンスじゃないですよね。……50名の方々は何しているんですか？　臨機応変に対応してくれないんですか？　アポなしだからだめで終わり？」

「申し訳ございません、私共はそういうルールの下で……」

「ルール、ルール……次いつ来れるかわからないんですけど、私も？　一方的にこうやって断って、進展しないですよ何も」

「はい……」

結局、建設的な話は何一つできないまま時間だけが過ぎていった。私には、行員が一刻も早く自分達を帰そうとしているようにしか見えなかった。

埒が明かないと出て来た責任者も、弁護士を通した交渉、回答しかできないとの一点張りであった。

帰り道、メンバーが私に囁いた。

「最初に受付で待たされたのは、どうも警備員を呼んでいたからみたいですよ」

「最初から⁉　……受付で、すったもんだやっている時、後ろで警備員が立っていたのは気がついたけど……、私達は普通に訪問しただけなんだけど」

「冨谷さんの名前聞いて警戒して呼んだのかも」

別のメンバーが答えた。

「絶対、同盟をブラックリストに載せてますよ。同盟に入ってないオーナーさんに聞いたんですけど、その人が訪問した時はすんなり通されたって」

「野村不動産にも電話してみたら、社内で不徹底だったらしくてちゃんとした担当者が出るのにすごく時間かかった」

「嘘？　勝手に野村不動産の名前載せてるの⁉」

「それはさすがにないと思うけど……要するに、名前だけ借りてて、助言も支援も嘘っぱちってことだろうね」

「はあ……」

私はもう何も言いたくなかった。株主総会を前にとんだ無駄骨を折ったと悔やみつつ、総会へと頭を切り替えるべく顔を軽く叩いて気合を入れた。

株主総会

２０１８年6月28日、静岡県沼津市にそびえ立つ、静岡県総合コンベンション施設プラザヴェルデにて、スルガ銀行の株主総会が行なわれた。

それに参加する私ら同盟約30名は、早め早めの行動を心掛け、総会開催時刻の10時には万全の状態をもって臨んでいた。

スルガ銀行への訴えを書き込んだプラカードも準備し、私にいたっては総会の内容を記録すべくスパイカメラを忍ばせていて、あたかも秘密工作員の気分であった。前日まで入念に質問事項について審議を重ね、各々の動きや位置取り、終了後すぐに弁護団の記者会見ができるよう、報道関係者にも根回しを行なっていた。それが終わり次第、岡野会長の実家前でのデモも予定に入れており、少数精鋭で、さながら桶狭間の戦いに挑むような気分でもあった。

同盟は大きく二つの戦術を掲げていた。一つは動議を出し、総会をひたすら長引かせることである。動議とは、株主総会の議事進行がおかしいと見なした場合に株主が出せる唯一の正式な抗議である。この動議を出されると、議長はその動議に関して議論しなければならなくなり、会場の株主達に対しその動議の決を取らなければならないのだ。

動議を出し続ける限り、この日議長となった米山社長はそれを無視できない。そうなれば進行は滞り、必然的に時間は延びていくという寸法だ。鶴田、吉山コンビが切り込み役を買って出て、その出番を今か今かと待ち望んでいた。

もう一つが、途中退場者を出すということであった。奇妙に聞こえる話であるが、株主総会で途中退場者が出ることは、それだけでニュースソースとなることだと考えたのだ。その役を任されたのはシュウだった。岡山に住んでいる彼が皆の役に立ちたいとまたもや立候補し、その想いを汲んでの任命だった。議長へ罵声を浴びせることで注目を集め、途中でわざと退場させられようと画策したのである。

同盟は皆、初めての株主総会の雰囲気に緊張しながらも、憎きスルガ銀行へ一撃を加えてみせると意気込んでいた。

総会が始まったと同時に鶴田が立ち上がった。

「ちょっと待った！　岡野会長！　総会を始める前にあなたは株主に謝るべきでしょう！　一度だって謝罪していないじゃないか！」

「議事を進行いたします」

「米山社長！　株主を無視するのか！」

「定款第15条により、私が議事を進行させていただきます。よろしくお願いいたします」

「謝れー」

計画していた通りなのだが、のっけから、謝罪を求める鶴田の抗議で始まる異様な総会となった。しかし、姿を現した岡野会長、そしてその子飼いで傀儡同然の米山社長からも、謝罪の言葉は発せられなかった。

議事の中で、報道されているスキャンダルには言及こそしたものの、あくまで一部行員の不正であって、スルガ銀行全体の不正については否定する姿勢を崩さなかった。しかし、事業報告の中で、舌鋒鋭く、河合弁護士や紀藤弁護士はスルガ銀行の不正を糾弾し異議を申し立てていく。

「いいですか、原本確認していない、コピーだけなのに行員は原本を直接見たって嘘ついているんですよ。ほとんどの行員がです。地方銀行のトップとして恥ずかしくないんですか？　私達はこの不正を許しませんよ。どういった救済計画をお立てになっているんですか」

「ADRなどを活用しまして……個々のお客様の状況に応じて柔軟に対応をいたします。一方で、一律の債権放棄や代物弁済の要求には応じられません」

「ADRは普通、被害者が銀行に対して救済を申し入れするような機関ですけど、銀行からの申し入れの事例は非常に少ないです。どちらからの申し入れをお考えですか岡野さん」

「議長の米山がお答えします。これはケースバイケースでございまして、まずはお客様と話し合いをし、えー……その結果、結果その利用となることもありますと。はい」

「説明になっていません。答えてください」

「そちらの、あの、真ん中の方……」

「どうして答えないんだ！」

と、大きな声で高麗が叫んだ。

「ADRは通常案件で使われるものでしょ！　もしスルガ銀行のこれが犯罪だったらどうするんです！　岡野会長！　お答えください！」

「はい、これも私の方から対応を――」

吉川が叫ぶ。

「岡野会長に聞いているんだよ！」

鶴田がこれに続く。

「岡野会長が答えるべきだろ！　質問者が指名しているんだから！」

私も加わった。

「米山議長が答えるんなら、議長の交代を要求します！」

「ただいま、株主様から議長不信任動議が提出されました。私はこの動議に反対いたします。引き続き私が議長を続けることに賛成いただける株主様、拍手をお願い致します」

サクラによる拍手が鳴った。当然これは、スルガ銀行の身内同然の株主によるものである。サクラの目的は岡野会長、並びに経営陣への援護射撃であり、米山社長の意を汲み終始、彼の言うがままに動いていた。

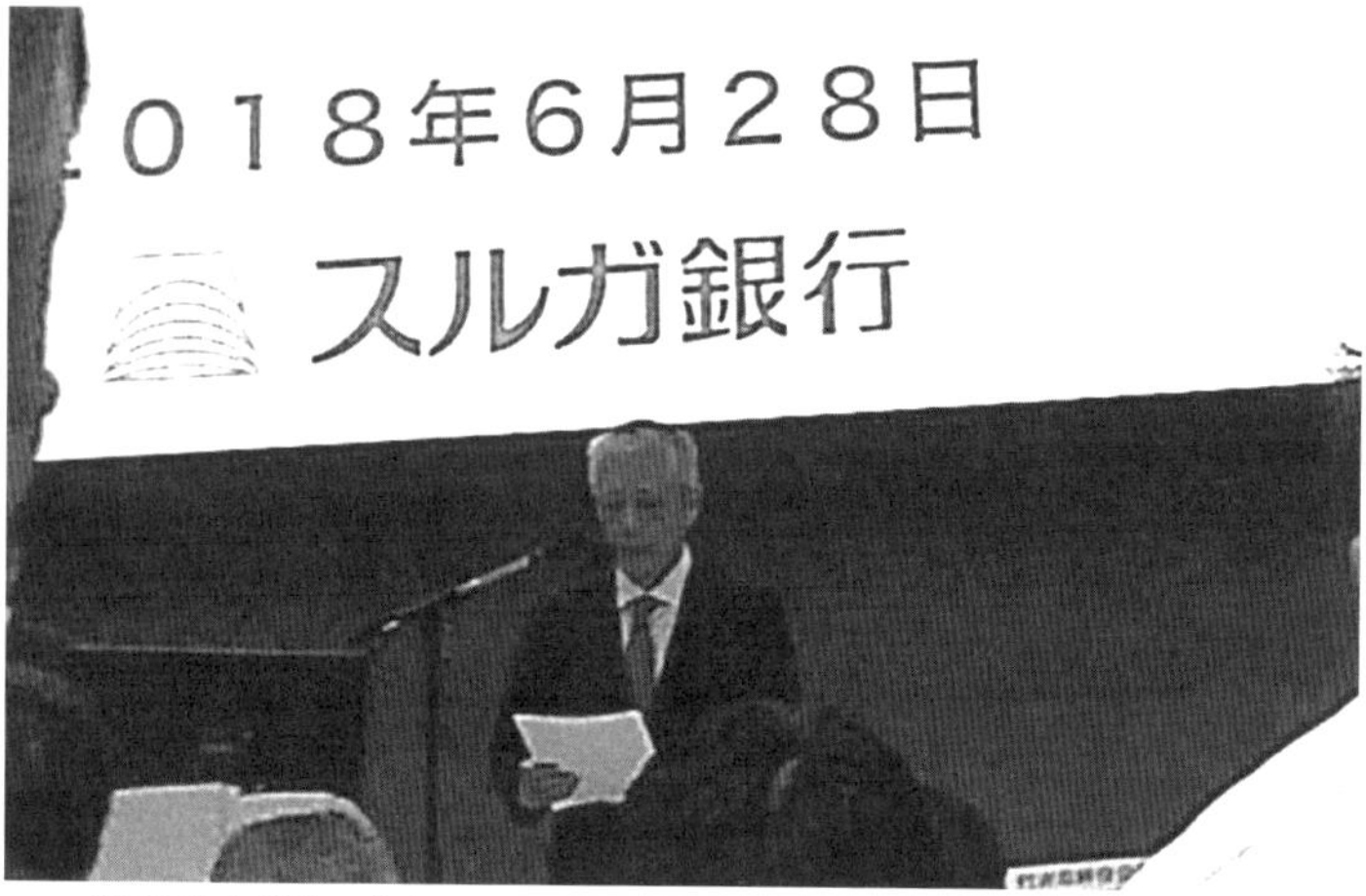

スルガ銀行株主総会で答弁する岡野会長

「……拍手をいただきありがとうございます。過半数の賛成をいただきましたので一」

「異議ありー！　異議ありー！　どうして過半数って勘定できるの！」

熊井が質問した。

「席にお戻りください。議長が一」

河合弁護士が立ち上がって吠えた。

「動議を無視するのか！　法律の前提！　大前提でしょ！」

「かーわーれー！」

「米山辞めろー！」

「辞めろー！」

会場は異様な雰囲気に包まれていた。米山社長は議長としての進行がまるでなっておらず、動議を無視して強引に総会を進めていく醜態を見せた。質問に対してはひたすら回答になっていない回答を繰り返し、岡野会長をひたすら庇い続けていた。

「回答しろって！　なんで質問に回答しないんだよ！」

「私の指示に従っていただけない場合は、退場となります」

「株主の質問に回答すれば議事は進むんだよ！」

「そちらの方、退場願います」

「やってられっか、こんな株主総会！　馬鹿野郎！　ふざけんな！」

途中で、そう吐き捨てて退場となったのは、シュウ……ではなく別メンバーの近藤であった。彼は名古屋に住むメンバーであり、事前の打ち合わせには参加しておらず、計画は知らなかったものの怒り心頭のあまりどんどん前に出て行ってしまったのだ。

予想外の出来事に同盟は彼の行動に驚きつつも、途中退場者を出すという計画は成功したので、彼の行動に内心拍手を送った。シュウは役回りを奪われた形だったが、彼自身も近藤の迫力には圧倒され、心の中で拍手を送っていた。

一方、動議を出し続けることは十分には機能していなかった。なぜなら、動議を出しても米山社長が拒絶するか自分に都合のいいように解釈し、反対動議に対する「反対への賛成」を求め拍手を得ることで、解決したと片づけてしまっていたからだった。笑い話のように聞こえるが、当事者にはたまったものではない。

同盟メンバーは30名ほどで多勢に無勢である。動議への同意を求めて拍手をしてみても、サクラである大株主と比較すれば小さなものに過ぎない。他の株主にしてみても、同盟は今日初めて知った存在で、スルガ銀行に敵意を抱いている集団として見なされ支持を得ることができずにいた。決定を覆すことはできないと事前にわかっていても、下手な議事進行と好転しない状況に、皆は苛立っていた。

その中にあって、河合弁護士は気を吐いていた。

「もし、不正があって融資無効になったら、金利収入から債権から全部やり直し。財務省に出し直し。それをわかってるんですか？　会計監査人はしっかり監査して、報告を受けたんですか？」

「えー、今回の融資につきましては、会計監査人から適正意見を頂戴しております。融資の有効性というのは、新たな情報が出てきた場合に、正しい情報に基づいての引当金の見積もりを――」

「引当金じゃないでしょ！　有効な融資かを聞いているんです！」

「逃げるな！」

同盟が叫ぶ
「静粛にお願いします」

聞いていた私が、糠に釘を打っているかのような感覚に襲われるスルガ銀行の回答にも、河合弁護士らは手を緩めなかった。

開始から3時間、株主総会はスルガ銀行が抱える問題にどう責任を取るのかとの質問に、岡野会長の「第三者委員会及び金融庁の検査結果が出たのち、真実を明らかにする」という相も変わらぬ答えになっていない答えをもって、動議を叫ぶ株主達を無視し、審議は十分に尽くされたとして幕を閉じた。

最後には逃げるように会場をあとにする、岡野会長らの姿が印象的であった。

株主総会が終わると、同盟が用意した別会場に報道陣を集めて記者会見を開き、河合弁護士と紀藤弁護士らはスルガ銀行の態度と米山社長の稚拙な議事進行や答弁を徹底的に批判した。

他方で同盟はデモに移行すべく準備を進めていたが、そこへ静岡県警が介入し一時周囲は騒然となった。

「冨谷さん、岡野会長宅前でデモをやったら逮捕するって警察が言ってるけど、どうする？」

警官と話していた鶴田から、私へ耳打ちがあった。デモは犯罪行為ではない、表現の自由として認められていることで、それを行なったから逮捕などとは筋道が通らないことであった。

これは、スルガ銀行、ひいては岡野一族が城下町である静岡県沼津市でどれほどの権勢を誇っているかの現れであり、彼らの本拠地において私達は、「岡野様に弓引く不逞の輩」なのだった。

当然、私らは納得がいかない。強行してでもデモをやろうとの意見もあったが、河合弁護士が止めに入った。

「冨谷さん、ここは引こう。私達は正しいが、この状況でやっても仕方がない。今は我慢しよう」

結局、デモを断念した。思った通りにいかなかった株主総会のうさを晴らす機会は失ったものの、稀に見る荒れ模様となったスルガ銀行の株主総会は予想通り多くのメディアで報道された。

私は、多勢に無勢で株主総会という『試合』には負けたものの、スルガ銀行へ世間の注目を集めるという大目標は達成され、『勝負』には勝ったのだと不思議と悔しさは感じなかった。

第七章　潮目

7月に入ると、とある新聞記事が私の目に留まった。同盟とは別に、一人でスルガ銀行と裁判で争っていたオーナーのものだが、スルガ銀行は自己資金確認資料を根拠に責任を否定したばかりか、オーナーこそ詐欺師であり、詐欺師がスルガ銀行に対して詐欺に気づかないのが悪いと開き直っているのだと非難していた。

これだけ同盟がスルガ銀行の不正を騒ぎ立てても、スルガ銀行は一人で闘う相手には強気な態度を崩さない。

しかし、7月6日には事態を大きく揺るがせる記事が全国紙である毎日新聞の1面に掲載された。

「スルガ銀行不正　役員主導　営業と審査担当協力か。スルガ銀行（静岡県沼津市）によるシェアハウス向け不正融資問題で、営業担当の役員（当時）が融資申請書類の改ざんを主導した疑いが強いことが明らかとなった。審査部の役員も不正を把握しながら融資拡大に協力し、経営トップらに虚偽の説明をしていたとみられる。金融庁は組織ぐるみの不正が横行していたとみて、一

部業務停止命令を含む厳しい行政処分を検討している」

これは、私も知る記者によるもので、その記事を目にした瞬間、はるか先の勝利へと続く光が見えたと思った。

ついに、全国紙に「スルガ銀行役員の不正」の文字が載ったのだ。河合弁護士が常々言っていた、世間へスルガ銀行の組織的な悪行を知らしめる形となった。

さらに、8月31日には、同紙に岡野会長の私的流用を報じる記事が掲載された。岡野個人は顔写真付きで登場しており、その内容は、スルガ銀行が関連会社へ融資を行なったものの、その会社は事業利用を架空の店舗に行い、融資の一部を岡野会長個人へ流用したというものだった。

その額十数億円、記事には他にも、流用が常態化していたことや、会長の側近がその差配を行なっていたこと、金融庁がシェアハウス不正融資事件の立ち入り検査を行なった結果把握したこと、岡野会長が責任を取りすべての役職から辞任する意向であるとも綴られていた。

変化はスルガ銀行だけでなく、同盟にも訪れていた。

私を中心に、執行部を中核にした中央集権的な組織へと再編するために、全員で会議を行い、執行部、班長、一般とヒエラルキーを設定したのだ。デモに関しても、毎回必要人数と配置を考え図案化を進め、内容から警察の届け出までを執行部で行ない、指示を出し参加者のチェックも行なった。総意は全員会議で採決し、機動性と数での力を使える、完全なる上意下達の組織へと生まれ変わった。

当然、この流れに不満を抱く者もいた。まるでカルト宗教のようだと揶揄され、被害者という同じ立場であるのに身分を作るのは気分が悪いとの訴えもあった。

明言しなかったものの、私にもその想いはあった。だが、奥山ら執行部はそれを隠して各員の説得に奔走した。同盟が抱えていた、消極的メンバーへの対応による手間と時間、そして対応者の疲労問題は無視できぬものになっていたからだ。

光明が見えたこの時期にこそ、同盟を堅牢なものにしなければならないと私は思い至り、奥山ら執行部の助けを借りつつ、船主として同盟という船が迷わぬよう、転覆せぬように私は舵をとるのだった。

暴かれた「スルガ」

2018年9月7日、ついに同盟が待ち望んでいた第三者委員会の報告書が完成し公開の時を迎えていた。

321ページに及ぶその中には、スルガ銀行設立に歴史をさかのぼり、SDら共謀していた会社との接触、2011年12月に初めて確認された、一番最初のシェアハウスローンへの融資。以降

2018年5月のSD破産、改ざんやスキームの仕組み、そして現在に至るまでが詳細に記載されていた。

その過程で明らかにされたのは、スルガ銀行の異常な経営実態であった。経営陣は実現不可能であるのが明らかな目標利益を上げることを営業に課し、経営陣を絶対視する営業現場では、目標を達成するためならば文字通り「何をしてもよい」という認識が常態化していたのだ。

この両者には、情報の断絶も存在していた。すなわち、経営陣は数字さえ上げていればその内容は関知せず、問題が発生すれば知らぬ存ぜぬで通し、営業もそれに倣う。形式さえ整っていれば後は野となれ山となれの形式主義がスルガ銀行全体に蔓延していた。

今回多くの被害者オーナー達が契約を結んだスルガ銀行横浜東口支店では、ローンの実績を上げるためSDへの無担保の多目的ローンのセット販売、抱き合わせ販売を推奨し被害者達を集めていた。

改ざんに関しても多くの提供された証拠資料があり、執行役員の直接関与や、スルガ銀行がスキームを主導していたことは最早隠しようのない事実であった。その見返りとしての飲食の饗応やキックバック、交通費等の名目での金員の受領も確認されていた。

強力な営業推進政策↓上位者による精神的な圧迫、逸脱者の組織的な蔓延による規範的障害の欠如、全員共犯化↓高業績者の昇進による逸脱行為の更なる促進、正当化認識↓高業績による営業部門の増長と管理部門の萎縮のプロセスが、企業風土を著しく劣化させた原因であると報告書は結んでいる。

そうした異常な状態では、パワーハラスメントや不正は当たり前のことであり、異を唱える者こそが異端の立場になっていた。

毎日のように目標を上げろとせっつかれ、会議では罵倒される。ノルマが達成できていないと、応接室に呼び出され机を蹴る、テーブルを叩くなど威圧され、2時間近くも「給料返せ」「バカヤロー」などと怒鳴られる。

残業は当たり前で残業代などもってのほか。真っ当な倫理観を持っていれば扱わないような案件でも、目標達成のためには受けざるを得ない。目標達成ができない社員には恫喝してもよいという「文化」が出来上がっていた。首を掴まれ壁に押し当てられ、すぐ横の壁を殴る、椅子を蹴る。ビルから飛び降りろ、給料泥棒と怒鳴る。モラルの欠片もなく、恐怖、あるいは感情の麻痺から目標達成のために、違法な融資を行なった行員も多数に上っていた。

経営陣は利益、営業は社内での立場だけに目を向け、顧客を見ている者は誰一人としていなかったのだ。佐藤太治のような輩の接近を許したのも、むべなるかなという惨状であった。

この報告書の作成に同盟は大きく貢献した。特に、これまでに集めた資料を仁が精査した上で第三者委員会に提供し、その正当性を確固たるものとしたのだ。

これに続いて同日スルガ銀行の岡野会長、米山社長の辞任、及び取締役であった有國の新社長への就任が発表された。ところが、当の岡野、米山は姿を見せず、新たに社長に就いた有國が記者会見でその旨を発表するのみであり、この事態への謝罪の言葉は旧経営陣からは発せられずじまいだった。

さらに、この期に及んでもスルガ銀行は態度を変えなかった。有國社長は、不正は認めるが、あくまで一連の投資事件は個々の状況が違うのであるから個別に対応するべきとの主張を続けたのだ。

これに対して誰よりも憤激を強くしたのは河合弁護士だった。多数の報道関係者を集めて会見を開き、第三者委員会が真実を明らかにしたことへの感謝と、未だ不透明な部分の解明の要望、謝罪を行なわない岡野会長への非難。スルガ銀行への代物弁済による完全解決の要求並びに、金融庁への厳正な処分の実施を願い、スルガ銀行に対して強く言葉を叩きつけた。

「頭のてっぺんから足の先まで全部腐っている！　こうなったら地獄の果てまで追いかける！」

私の気持ちも同様であった。

それから4日後の9月11日、携帯をのぞいた私は目を丸くした。役員達の辞任に続き、突然、スルガ銀行の代理人である井窪弁護士が辞任したとの報告がもたらされたのだ。詳細は不明であるものの、勝ち目がないと自ら退いたか、未だに同盟を潰せないことに苛立ったスルガ銀行からの解任かもしれないとの見方もあった。

いずれにせよ、やはりここまでの活動は、ボディブローのように効いていたのだ。しかしこれにより、弁護団交渉が停止状態に陥ってしまった。

一部業務停止命令

スルガ銀行への追撃は続く。10月5日、金融庁からスルガ銀行へ、6カ月の一部業務停止命令処分が下されたのだ。投資用不動産向けの融資と、一部住宅ローンの新規取り扱い停止と、対策を含む業務改善計画の提出が義務付けられた。

銀行にとっては大変に重い処分であり、銀行に限っては5年ぶり、地銀としては初の措置であった。この業務停止はスルガ銀行に大きな影響を与えた。なぜなら銀行にとって収益不動産融資は、貸付の8〜9割を占める重要業務であり、新規取り扱いが停止されると大きく収益が低下してしまうのだ。加えて、多数の行員の審査書類の改ざんへの関与、経営陣が不正ならびにその後の対応を放置していたこと、法令順守や経営管理体制への重大な欠陥が存在しているとの判断は、スルガ銀行の信用を大きく失わせる結果になった。

第三者委員会からの報告書と業務停止命令、過熱する報道により、不落の城は土台から揺らいでいった。

しかし、揺らぎはスルガ銀行だけに限ったことではなかった。同盟でも、問題解決の対応を見せないスルガ銀行の強気におじけづき、このまま闘い続けても資金面精神面でじり貧となって、いずれは世間の関心も薄れていき、すべてを失った挙げ句に敗北してしまうのではという声が出始めた。

一方、私も、すべての始まりである、あの居酒屋での一件があった2016年の冬から2年ほどが経過しており、心身の疲労は着実に私の内部に蓄積していた。それでも、心が折れることがなかったのは、勝利を信じて疑わず、同盟メンバーが共に闘う大切な仲間だとの信念を決して逸せずにいたからだ。

「河合先生が言ってました、デモはボディブローと同じだと。派手じゃないけど、じわじわとダメージを与えています。スルガは巨大だから、それが見えにくいだけです。ここでやめてはいけないと私は思います」

私の言葉を奥山ら執行部は支持し、皆の説得へ全力を尽くしてくれた。毎月、デモの計画から実行を欠かさず、首相官邸への意見書、東証や金融庁への陳述書、河合弁護士の伝手を頼り、金融庁の地方銀行担当者が同席した上での国会議員らへの面会と、スルガ銀行へのボディブローを叩き込み続けた。

楽な道のりではなかった。心が折れ、同盟から離脱しそれ以降連絡が取れなくなった者、病に倒れて勤務先へ行くことができなくなった者もいた。私や執行部メンバーへ正体不明の連中から嫌がらせの電話や手紙、ネット上で繰り返し呟かれる「自己責任論」や、「危険なカルト集団」等の誹謗中傷にも苦しめられた。デモでも、スルガ銀行の行員が自分達は悪くないと食って掛かってきたり、わざとぶつかって来たりするような妨害にも遭遇した。

だが、私達は、くじけず活動を続けた。暑い日も寒い日も、立ち続け、年が明け2019年の2月に入るまでのデモの回数は40回を超える勢いであった。
このころになると、道行く通行人の態度にも変化が現れていた。それまでは無視して通り過ぎるだけだったのが、立ち止まり話を聞き、激励の言葉を送る通行人が多くなった。スルガ銀行の犯罪を報じるニュースが大々的に流されたことも一因であるが、長きに渡るデモ活動で、多くの人々にとって一種の顔なじみとしての地位を築いたことも大きかった。

同盟のメンバーと直接会って全体会議をする際、私はホワイトボードへ、結束を促すために自身の座右の銘を紹介していた。いくつもの言葉を書き連ねたが、その中でいつしか知らず知らずに書いてしまう一文があった。

「晴天の友となるなかれ、雨天の友となれ」

自分が調子のよい時に集まってくる友人よりも、自分が厳しい状況の時に共にいてくれる友人こそが真の友である、という意味だ。これほど同盟にふさわしい言葉は他にないと思えた。

また、内外を問わず代物弁済などという不可能な夢を追うよりも、物件を回すことを考えるべきだという意見があるたびに、私は同盟内でこう反論した。

「やったこともないのにどうして無理だとわかるんですか？　できない理由を探すより、私はどうしたら代物弁済ができるかを考えたいんです。為せば成る為さねば成らぬ何事も、成らぬは人の為さぬなりけり、です」

簡単ではないかもしれない、
でもそれはできないという理由にはならない

ベーブ・ルース

VTuber　パンちゃん！

「ど、どうかな冨谷さん？」

「もう少し目を哀しげに、それでいて可愛らしくって感じで描けますかね……、彩加さん、もう一度お願いします」

そうした活動の傍らで、私と彩加、そして数名のメンバーは、なんと「VTuber」の作成にも取り掛かっていた。

「流れはこういう感じで……」

「声を録音してみました」

「名前はどうします？　候補はいくつ出ましたか？」

「冨谷さん……お願い、これで勘弁して～」

「う～ん、もう少し頑張ってみて！　もっと可愛く！」

無論、遊んでいるわけでも趣味としての活動でもなかった。同盟の広報の上で重要な鍵を握るキャラクターを生み出さんと、皆が必死に協力し合っていたのだ。

そもそものきっかけは、２０１８年末に開かれた弁護団会議終了後に、紀藤弁護士と食事を共にした席での彼の一言だった。

「同盟メンバーから誰か顔出しして、メディアに出演しませんか？　顔出しができればかなりインパクトがあるんですよ」

メディアへの顔出しを打診されたのだ。その言には同席していた私や彩加など全員が「理がある」と思ったものの、さすがに実行に移すには躊躇があった。不特定多数へ顔を晒すことに不安があったからだ。顔を出すことで、スルガ銀行側から直接的な危害を加えられてしまうかもしれない。会社には自分が被害者であることもバレてしまう。

その場では応えられず、後になってＬＩＮＥグループで顔出しを募ってみても、やはり自ら名乗り出るものは現れなかった。

だが、それで終わりとするのを私は良しとせず、何か方法がないかと考えた。

「キャラクターを創って代弁してもらうのはどうだろう？」

「あれ？　それいいんじゃない？」

「今さ、VTuberが話題じゃん？　こっちもそれでいこうよ」

「確かに目立つかも」

とある意見から、あれよあれよと「VTuber計画」が始動した。同盟の状況を、メンバーが実際に述べるのではなく、デフォルメされたキャラクターを用いた動画の方式で世間へ知らしめようというのだ。インパクトがあるし、見る側としてもとっつきやすく気軽に視聴へ誘える利点もあった。

私は奥山、彩加、そして遠方に住むシュウ、俊義らで制作班を組織し、VTuberを生み出すべく動き出した。とは言え、この時点で大多数は「VTuberって何？　聞いたことくらいはあるけど」という状況であり、文字通り一からの勉強が必要だった。デモや情報収集等々、すべきことは多く時間を捻出することすら難しかったが、それでも精力的に活動を続けた。

私と奥山はどうすれば事件の流れや苦境が伝わりやすいか知恵を絞り、それを絵心のある奥山がひたすらに注目を引くようなキャラクターにすべくデザインを描き続けていった。そして、ナレーションや描き上げたキャラクターの声を彩加とシュウが担当し、俊義が編集を行なう、悪戦苦闘をしながら完全なオンライン体制での制作が進んでいった。

「ご視聴ありがとうございます。私はパンちゃんっていいます」

https://www.ss-higai-doumei.org
SS
スルガ銀行・スマートデイズ
被害者同盟
－取り戻そう平穏な日々－
事件解決の道は全く見えていません。
なぜなら、スルガ銀行は
NEWS
登録
VTuber キャラクター・パンちゃん

「おお～！」

「動いてる！」

「かわいい！」

そして2019年の2月、同盟の誇るVTuber・パンちゃんは産声をあげた。動画投稿サイトYouTubeに開設された同盟のチャンネルに降り立った彼女は、可愛らしい姿に似合わない、わかりやすく詳細かつ丁寧な説明で、「かぼちゃの馬車」シェアハウス投資事件の概要と、被害者達の苦境、スルガ銀行の悪らつさを世間へ訴えた。

事件への関心の高さと、彼女に目を引かれた人々が多く集まったことで、計1万回を超える再生数を記録し、大きなインパクトを残すことに成功した。

「冬休み、全部パンちゃんのデザインに費やしました」

「お疲れ様です、奥山さん」

「1枚描くのに最初は2～3時間かかったんですが……今では2、3分でできます。ほら」

「おお」

そしてこれ以降、声を担当した彩加には「パンちゃん」というニックネームがついたのだった。

一生懸命だと知恵が出る
中途半端だと愚痴が出る
いい加減だと言い訳が出る

武田信玄

国会からの援護射撃

2019年2月19日、衆議院財務金融委員会において、日本共産党の宮本徹衆議院議員がスルガ銀行の問題について金融庁へ質疑を行なった。宮本議員は、私が各党に陳情する中で、会ったことのある議員であった。

「かぼちゃの馬車」シェアハウス投資以前から常態化していたスルガ銀行の問題のある融資。2011年には融資関係書類の改ざんが報告されているのにも関わらず、金融庁からの対応がなされなかったこと。金融庁内からもスルガ銀行を危惧する声が出ていたにも関わらず、当時の長官が聞く耳を持たなかったこと。債務免除益の課税の是非についてや、被害拡大を防ぐためにも情報の公開が必要であること等を、事細かに質問していった。

これは、スルガ銀行の問題が国会で取り上げられるほどに重大なものであることの証明であるとともに、解決が遅れていることを暗に指摘し金融庁へ更なる調査を求めるものでもあった。以前にも何度かスルガ銀行に対しての質疑は行なわれていたが、これほど踏み入った内容は初めてのことだった。同盟結成以来、山口弁護士と仁を中心に私達はあらゆる人脈を辿り、足繁く議員へ事件の概要や解決するための指針、スルガ銀行が抱える問題点を説明して回った。議員には国政調査権に基づき各省庁を監督、監査する権限があるからだ。

自ら行動し、地道な努力が結果に結びついた。進展しない状況に上がっていた焦りの声は、喜びのそれへと変わっていた。これまでのことは、決して無駄ではなかったのだ。

踏まれても叩かれても、努力さえし続けていれば、
必ずいつかは実を結ぶ

升田幸三

次の攻撃「株主代表訴訟」

それからひと月後の3月18日、河合弁護士は同盟へある提案を持ち掛けてきた。

「スルガ創業家や役員達の個人責任を追及しよう。彼らには、責任の重さを身に染みて感じてもらうことが重要だから、株主代表訴訟をするんです」

これは、河合弁護士がスルガ銀行と同じく強大な財力と権力を持った相手（原子力産業）と闘った際に用いた手法であった。

株主代表訴訟は、その名の通り株主が会社の代表として役員等に対して、法的責任を追及するための訴訟である。当然、株主が勝利しても、賠償金はスルガ銀行に対して支払われるため、株主として提訴する同盟メンバーに損害賠償金が入る訳ではない。この訴訟の真価は、不正を明らかにし、交渉の際の切り札を得られる点にあった。

さらに、通常の訴訟では賠償請求額に応じて裁判所手数料を支払わなければならず、今回のように数百億円という巨額の動く事件では、手数料だけで100万～1000万円もの大金が必要になってしまう。だが、株主代表訴訟では特例が適用されるため、一律1万3000円の費用で行なうことができるのだ。

そして何よりも、河合弁護士の言う「個人的賠償義務」が大いなる武器となる。この訴訟においてはスルガ銀行でなく、岡野元会長、米山元社長、有國現社長らは個人として対応せねばならない。スルガ銀行の膨大な資金を用いて弁護士を雇うことも、賠償を払うこともできず、すべて個人が実費で賄い、裁判で金銭が目減りしていく様を目の当たりにすることとなり、まさしく私らの直面していた「恐怖」を味わう立場になるのだ。これ以上の長期化を避けるためにも、実行すべきことであった。

この株主代表訴訟を行なうにあたっては、「個別株主通知」が必要だった。個別株主通知とは、株主としての権利を会社へ行使する際に、その要件を満たしていることを証明するためのもので、事前に証券会社等へ申し出ることで、会社へ自分には権利があると通知することができる。

金弁護士に指示を受け、早速、私と同盟メンバーはその通知を出すべく動き出したが、いかんせん経験のないことなのでしばし混乱が巻き起こり、LINEには100件以上の質問が呟かれていた。

「どうしたらいいの？」

「取引先の証券会社に言ったら、あっさりくれたよ」

「本当？　俺すっごく細かく質問されて、今ちょっと退散中。なんか悪いことして取り調べされている気分」

「こっちは受付の人がわかってなくて、個別株主通知って何？って状態」

「そんなことあるの？」

「大体4～10営業日が通知発行にかかる日数みたい」

「少数株主権っていうのが株主代表訴訟に必要っぽい」

私のもとにも多くの質問が寄せられたが、私自身も株主代表訴訟などをした経験はなく、対応に苦心した。

この株主代表訴訟は、スルガ銀行が同年2月に自分達で起こした訴訟に対するカウンターでもあった。旧経営陣への損害賠償を求める訴えであるが、賠償要求額はわずかに35億円程度。この一件をもって世間へ組織改革を進めていると見せかけんとする、スルガ銀行の姑息な戦術に過ぎなかった。裁判を見ても一目瞭然で、訴えられた側であるはずの創業家側の弁護士に対し、訴えた側のスルガ銀行代理人弁護士が押され気味という茶番劇が繰り広げられていた。

弁護団が岡野元会長らへ請求した賠償額は565億円。その金額の大きさに、全く事情を知らない外部や、スルガ銀行を応援する輩からは「投資で失敗した連中が、自己責任を棚にあげて八つ当たりで金をスルガ銀行からむしり取ろうとしている」との中傷の声が上がった。

しかし、私達はそれにひるまず、不安の声をあげる同盟メンバーをなだめて、河合弁護士らと株主代表訴訟を進めていった。

「新生銀行」との提携!?

4月12日、昨年の10月5日に下された、スルガ銀行に対する金融庁からの一部業務停止命令処分が解除された。

私は同盟に一層の注意を呼び掛けた。スルガ銀行へのペナルティの一部は継続状態にあったものの、スルガ銀行は個別対応の姿勢を崩さず、未だに、被害者に対して何の改善も行なっていなかったからだ。これを起点に、事件そのものを風化させんと画策することも予想され、この月もデモを欠かさなかった。

ところが、スルガ銀行は思いもしない手を打ってきた。平成から令和へと元号の変わった5月の14日、家電量販店のノジマ、及び新生銀行との間に業務提携に関する基本合意を締結したのだ。このニュースは各種メディアで大々的に報じられ、同盟は騒然となった。

スルガ銀行は新生銀行から数%の出資を受け入れ、住宅ローンを初め個人金融業を軸に幅広く連携し、不正行為などで失った信頼の回復を目指すと主張していた。すでにこの時同銀行株価は400円台にまで下落していた上に、世間の厳しい視線と報道に晒されていたことから、自力での再生は不可能と悟ったのだ。

新生銀行は、個人取引推進に軸足を移しつつある今、豊富な経験を持つスルガ銀行との提携は互いを補える一手であると強調していたが、実はこの提携には裏の事情があった。

スルガ銀行の止まらない株価下落が地銀全体の金融不安を招くことを不安視した金融庁は、以前から提携先を探していたが難航していた。提携候補だったりそな銀行が離脱し、紆余曲折があった後に、前身である日本長期信用銀行時代から、大手銀行内で唯一公的資金の返済ができておらず、国の管理下にあるという「弱み」を持っている新生銀行に白羽の矢が立った形だった。

さらに金融庁は、かつての森信親長官がスルガ銀行を「地銀の優等生」として絶賛している。このまま凋落を許せば、金融庁の面目も丸つぶれとなってしまう。それを避けるためにも、傍目には「まっとう」な銀行である新生銀行との提携を取り持って、醜聞を覆い隠そうと画策していたのだ。

当然、そのようなことを同盟が許容できるわけもなかった。スルガ銀行は謝罪どころかなんら賠償も果たしていない。膿を出し切らずに、どうして提携と再建が可能になろうか。その上、被害者である自分達を無視するかのような振る舞いに黙ってはいられなかった。

どう対抗すべきかの話し合いが盛んに交わされる中、私が考えを示した。

「私達の問題を棚に上げて、新生銀行と業務提携などあってはならない話です。ここはスルガに対してではなく、新生銀行に対してデモを実行しよう思います。しかし、この戦略が適切なものかどうか、河合先生に確認してみる必要があります。すぐに確認を取りますが、皆さんはＯＫを貰った前提で、準備を進めておいてください」

私の提案に対して、河合弁護士は、少し考えると言って電話を切ったが、ほどなく折り返しの電話が鳴り、次の回答を受けとった。

「冨谷さん、いいんじゃないのかな」


闘いとはスピードが命なり。業務提携の報道の翌日の15日の朝、同盟メンバー60名ほどの姿は東京・日本橋の新生銀行本店前にあった。同盟の中央集権化による決定の迅速化が生きていた。そして、デモの内容も充実したものであった。

「シェアハウス事件はまだ解決していません！」

「謝罪も改善も行なっていないスルガ銀行と業務提携をしようとは、新生銀行さんは何を考えているのでしょうか⁉」

「新生銀行さん！　どうなんですか！」

「提携を行なうなら！　あなた達もスルガの仲間だということになりますよ！」

同盟はデモの手練れ集団になっていた。２０１８年4月9日に初めて行なったデモとは比べものにならないほど、メンバー達の動きは洗練され、声もよく通る。プラカードや幕の掲げ方、発言内容の吟味、ビラの配り方等、すべてが完璧だった。

この様子を確認するために、慌ててビルから飛び出てきた新生銀行の行員達もただ黙って見守るしかできず、報道関係者にも昨日中に連絡済みであるので多数が駆けつけていた。通行人もニュースになっているスルガ銀行に関することだと足を止め、ビラを受け取る者が多くいた。

その効果は絶大であり、『新生銀行』は思いがけない反発に恐れをなしたのか提携を発表したまま、それを見合わせる状況に落ち着いてしまっていた。

2度目の株主総会

スルガ銀行の目論見が崩れる中で、同盟ではこれまでにない活発な動きが起こっていた。２０１９年6月26日に開催される同盟にとっては2度目となる株主総会に備えての準備活動である。

前回の総会での反省点を徹底的に洗い出し、動議を通すための人員の大幅な増員、総会時間を長引かせるため、そしてスルガ銀行役員を追い詰めるための質問の作成に腐心した。

事情を全く知らない者でも、これさえあれば現場でどう動けばよいかがわかるように綿密に記載された冊子は、会場の配置図、質問の一覧から優先順位、ＦＡＱ（よくある質問とそれに対する回答）まで記載したものである。

今回、同盟からの出席予定者は約２００人、前年の6倍以上であり、株主総会全参加者のほぼ半数という規模であった。これが実現した背景には、度重なる株価下落によって、多くの人々が容易に手を出せるほどにスルガ銀行株が安価になっていた側面もあるが、同盟の組織体制の改善でスムーズな統制が可能になったことが大きかった。それは同時に、スルガ銀行の窮状を示してもいた。

同盟は準備万端、約1カ月をかけて動議やそれの判断材料であった拍手、更には議長の代役を立てて質問の仕方までを練習し、２週間前から各報道関係者にも通知を送り、最高の状態で闘いへと赴いたのだ。

そして、株主総会における同盟の参加目的は昨年同様に、総会を荒らして引き延ばし、ニュースソースとすること。すなわち、スルガ銀行の問題は何も解決しておらず、今のままでは再建など成し得ないと世間に知らしめることであった。

当日の結束力をさらに強固にするため、前日には沼津駅前で、１００名が集まって確認会議が開催された。この時、私は口火を切る大役を、久しぶりに会う副代表の鶴田に頼んだ。

本来、この手の役は吉山の十八番であったが、鶴田が家庭の事情で以前ほど活動に参加できていなかったため、ぜひとも口火を切ってもらい、闘いに勢いをつけたいと考えていたのだ。


「定刻となりました、有國社長、議長席へ——」

「ちょっと待った！　有國社長……いや有國被告！　株主代表訴訟で565億円の損害賠償請求をされている被告がどうしてそこにいるんだ！」

「皆さん、おはようございます」

有國社長は激しい鶴田の叫びを無視して、議事を進めようとした。

「おい！　話聞けよ！　聞けよこら！」

「どうなんだよ、有國社長！」

「なにシレっとしてるんだ！　あんたのことだろ！」

「退場しろ～!!」

「退場しろ～!!」

「有國辞めろ！」

「有國辞めろ！」

有國社長の議長就任から始まった同盟による議長退場要求と、それに続く辞めろコール、そして拍手は、事前練習の通り、前方に座る谷山が合図を送るまでそれから1分ほども続いた。

この日、総会に出席していた自称総会マニアの男性の評がある。

「こんなに荒れた総会は、今まで見たことがなかった。それにしても有國議長も手際がよくない、話が全くかみ合ってない。下手……稚拙と言ってもいい」

その言葉が総会のすべてを表していた。私達同盟の動議に有國社長らはまともに答えられず、無視して進行を行なおうとしては更なる怒声を浴びていた。

同盟の執行部であるが故に、匿名で自分の会社に嫌がらせの手紙が届いた楠木が質問に立った。

「今年御社ではいろんな問題が出ましたね！　もう不正のデパートって言っていいんじゃないですか？　そういう会社が一個一個議案を審議しないでどうして一括審議なんてできるんですか！」

「そうだー！」

「逃げるなー！」

「ちゃんと答えろー！」

「一括審議が好ましいと考えますので、賛成の方は──」

「ふざけるな！」

「動議が出てるだろ！」

「只今の動議は否決されて──」

「どこがだよ！」

「普通は賛成の意見を聞くだろ！　なんで否決から入ってるんだよ！」

株主総会で有國社長に詰め寄る同盟メンバーの宴

「そうだ！」

「すでに否決されておりますのでー」

「何勝手に進めてるんだよ！」

「動議が出てるだろ！」

「議事なんか止めろ！」

「やめろー！」

「ご静粛に、議事の進行にご協力いただきますようお願いいたします」

「だったら交代しろー！」

「株主から訴えられているのに議長が務まるかー！」

「交代しろ！」

私が叫んだ。

「交代に賛成の人、拍手してください！」

激しい拍手が巻き起こった。

「議長の有國です。私としては適切に議事を進行させており、この動議には反対の立場です」

高麗による喉が潰れんばかりの速射砲が続いた。

「採決取れよー！」

「拍手は賛成の方が多いだろ！」

「動議！　採決の仕方がなってない！　恣意的な誘導だ！　こんなの議長のやることじゃないだろ！」

「後ほどご意見への回答をいたします」

「回答じゃない！　動議の採決だ！」

「ふざけんな！」

「採決方法は議長の権利であり……」

「おかしいだろ！」

「後ほどなんて動議はないぞ！」

「株主を見ろー！」

怒号と拍手で、マイクで話している者の声が聞こえなくなるほどであった。

「えー、シェアハウスのオーナー様につきましては、その投資判断について当社の不正関与がどの程度認められるかと──」

「有國さん、事件の内容分かってないんじゃない！」

「スルガしか融資してねえだろー！」

「詐欺だよ、詐欺！」

「第三者委員会の報告書読んでないだろ！」

「だいぶ時間も経過しており、決議事項に関する質問を優先して──」

「まだまだあるぞー！」

「金融庁の業務改善命令に従いまして──」

「改善計画って言ってるけど、どうして詳細が我々株主に公開されてないんですか？　不思議でしょうがないです。今ここで、それが無理ならすぐにホームページ上でその内容を公開してください」

「そうだ！　そうだ！」

「かしこまりました、進捗状況については報告を──」

「中身だろ、中身！」

「回答になってないぞ！」

「決議事項に関する株主様は挙手をお願いします。決議事項に関係のない問題であった場合は次の株主様の方のご質問を──」

「異議あり！」

「異議ありー！」

「真摯に向き合え！」

「何をそのまま終わろうとしているんですか！　決議したいからこうして質問してるんでしょ！　ちゃんと聞いて！　真摯に向き合ってください！」

同盟の質問攻勢は一時も止むことを知らず、総会の時間が進んでいっても途切れる素振りすら見せなかった。

「今の株価いくらですか？　400円切ろうとしてるんですよ？　1年半前は2500円もあったのに。どうしてですか？　膿を出し切らずに反省しないで、なあなあでごまかしてきたからでしょう！」

「そうだ！」

「まずは被害者の方とか、株主とかに誠心誠意対応して謝るべきでしょう！　米山元社長も岡野元会長も謝りませんでしたよ！」

「自殺者が出ているんだぞ！　わかっているのか！」

「私といたしましては過去何回かメディア・テレビ等に向かっても謝罪をして参りましたが、この場で改めて繰り返しになりますが、シェアハウスの御迷惑をかけた皆さまには大変申し訳ないという風に心から申し上げます。……大変時間も経過してきてございますので──」

「まだまだ質問あるぞ！」

「説明責任を放り出すな！」

「残り2名の方からのご質問とさせていただきます」

「ふざけんな！」

「まだこんなに手を挙げてるだろお！」

「全部答えろ！」

会場の半数に及ぶ同盟全員が、質問のために挙手している状態であった。

「動議！　このまま終わったら説明義務違反でしょ！」

「説明義務違反だろー！」

「無効だ、無効！」

「逃げるな！」

「動議だぞ！」

「おい！　去年も議事録を公開してないけど、なんでだよ！　おかしいよな？　どこに透明性と健全性があるんだよ！　公開しろ！　公開に賛成の人！」

しばし誰の声も聞こえないほどの拍手が鳴った。

「はい！　議事録公開決定！」

「議事録の閲覧については会社法の手続きにのっとっておりますので──」

「どういうことだよー！」

「今回の質疑は非常に不確定になっており……」

「動議だろ、動議！」

「時間も相当経過しており、採決に移らせていただきたいと思います」

「時間の問題じゃないだろ！」

「おかしいぞ！」

「過半数の賛成をいただきましたので、これにて質疑応答を終わらせていただきます」

「終わってねえだろー！」

「無効だ、無効！」

「おかしいぞ！　継続しろ継続！」

壇上で騒ぎが起こった。同盟メンバーの妻が、ジャンヌ・ダルクさながら壇上へ上がり、有國の前に立ち塞がったのだ。

「有國さん！　こんな形で終わらせないで！　続けて！」

「そうだ続けろー！」

「過半数の拍手をいただきましたので――」

「少ないぞ！」

「これのどこが過半数なんだよ！」

「何終わらせようとしてるんだ！」

「株価ゼロだぞ、このままじゃ！」

開会から3時間半、総会は怒号に包まれたまま、終わりと言えない終わりを迎えていた。有國らは姿を消し、おさまらない同盟メンバーが前方に詰め寄り、スルガ銀行事務局による退場を求めるアナウンスが木霊する中でのもみ合いが10分ほど続いた頃、河合弁護士が皆に叫んだ。

「皆さん、聞いてください！　我々の要求や気持ちはもう十分に伝わったはずです。目的は達成された。これ以上ここにいると警察が介入して不測の事態になる恐れがあります。そうなったらせっかく味方してくれる世論が反転してしまう！　引き揚げましょう」

私は皆を集めて、河合弁護士の言うとおりに引き揚げの準備を手早く済ませると撤退を開始した。こうなった場合も想定しており、同盟は終始規律を保っていたのだ。

手ごたえは確かにあった。同盟の姿はスルガ銀行と好対照であったようで、私はもみ合いの最中、古参の株主から密かにこう告げられた。

「昨年も参加した者です。その時は皆さんをよくわからない怪しい奴等だと思っていたんですが、どうもスルガが悪いとわかってきました。悪いものは悪いのですから、スルガはちゃんとしろと言いたいですね。頑張ってください」

明らかなスルガ銀行のサクラを除き、実際、同盟に対する反論や非難は総会中にほとんど聞かれなかった。

スルガ銀行の命運ここに尽きたり。会場を後にしながら、そう私は確信した。


その後、沼津で予約した貸し会議室に同盟メンバーは移動し、そこに着くと私は夕方の報道番組に間に合うようにスパイカメラを回収することにした。

「どう？ みんな練習通りにうまく撮れたかな？」

「はい、たぶん撮れていると思います」

「じゃあ、テレビ局に渡せる動画を確認してみよう」

「トムさん、ごめんなさい」

「ん？　どうしたの？　失敗していても、それは仕方がないよ。気にせず、ＳＤカードを出して画面で確認しようよ」

「いや～、確認できないんです」

「柳原さん、どうして？」

「いや～、私は眼鏡型カメラを使ったのですが…、スイッチを入れたまま総会が始まる前にトイレに行ってしまいまして…、眼鏡をかけているのをすっかり忘れて下を向いたので、私のモノが映っていると思います……。見ます？」

「いや、遠慮する……」

貸し会議室が大爆笑に包まれた。

第八章　終結

夜明け

総会からひと月ほど経った7月末。暑さに負けず通算58回目のデモを同盟が終えた後に開かれた弁護団会議の席で、河合弁護士から思いがけない言葉が発せられた。

「冨谷さん、デモはいったん終わりにしませんか。実は、スルガから頼むからもうデモをやめてくれと泣きが入りました。代物弁済での和解に前向きな姿勢になってきてるんです」

メンバー達にどよめきが起こった。一瞬の間があった後に、私は答えた。

「河合先生、山口先生、先生の皆さん、まずはありがとうございます。正直申しますと、第2次スルガ弁護団との交渉に私達被害者は参加できておりませんので状況を測りかねますが、スルガは代物弁済にどのくらい前向きなのでしょうか？　私としては、河合先生がデモをやめた方がよいと判断されるのであれば、それに従います」

「ありがとうございます。そうですね、私はそろそろやめた方がいいと思います」

私は頷いた。

「わかりました。それであれば、来週以降予定しているデモは一旦中止にします。但し、前向きな姿勢が崩れることがあれば、すぐに教えてください。デモ再開の準備は整えておきます。」

「ありがとう。それと冨谷さん、今いる皆さんも、代物弁済の交渉は水面下で行なうことになるから、他の被害者にはまだ話さないで欲しいんだ」

「わかりました。ここに出席しているメンバーは私が特に信頼する中核メンバーですから、絶対に他言はしません。皆もわかってますよね？」

「はい、もちろんです」

中核メンバー達も私に賛同した。一同の顔は、かつてないほどの期待に満ちていた。


このころ、同盟メンバーは動きのないスルガ銀行を不安視し、あれだけのデモと株主総会でも効果がなかったのではという疑念の声も上がり始めていた。

その裏では、水面下で河合弁護士らの交渉が続いていた訳だが、内容が内容であるため情報を同盟内でも共有できず、一見して事態が硬直化しているように見えていたのだ。

私が河合弁護士から聞いた話によると、スルガ銀行は58回にも及ぶデモと株主総会での同盟の姿勢に、このまま闘い続けていてはスルガ銀行の再建はなし得ないとようやく判断したらしかった。

株価の下落、預金の流出、顧客の離反は今でも歯止めがかからず、資本提携するはずだった新生銀行も、同盟のデモによりそれを見合わせてしまっている。「かぼちゃの馬車」シェアハウス投資事件による不良債権は2000億円にも上り、報道も日増しに苛烈になるばかりだ。

ここに至っては、自らの不正と過ちを認め、シェアハウス限りの適用とした代物弁済の論理で和解し、責任を認め解決への道を探る他ないとの結論を出したというのだった。

「ありがとうございます。河合先生」

後日、私は事務所に訪問し、河合弁護士に深々と頭を下げた。

「そして、これからについてなんですけど……」

喜びの気持ちはあった、しかし、同時に私は冷静に今後についての思案をめぐらせていた。代物弁済に伴う債務免除益をどう着地させるか。弁護団に任せ切りではなく、同盟としても知恵を出さねばならないと考えていたのだ。

私は代表として、同盟全員のために、どうすることが最適解なのかと必死に考えていた。

債務免除益を如何に？

さて、代物弁済はよしとしても、債務免除益課税が発生することは何としても避ける必要があった。

債務の消滅額と、物件の時価差額は融資の半分にも及ぶ巨大なものだ。負債をすべて無くしても、莫大な課税があっては意味がない。

「弁護団会議で河合先生が言っていたけど、まさに『前門の虎　後門の狼』の状態だ」

「どうしたらいいんだろう？」

「わからないなあ」

「詳しい人いない？」

「いや、そもそも前例がないんだよ、これ」

私はすかさずに指摘した。

「税金は儲けた人が支払いするものであって、儲けてもいない、寧ろマイナスになっている被害者、つまり私達が税金を払わないといけないなんて、どう考えてもあり得ないロジックです。なにか方法があるはず、あきらめないで探していきましょう」

「そうですね」

「うーん……」

様々な意見が出たが、容易に結論は出なかった。やはり税金を逃れるなど無理ではないかと言う声も上がるようになり、またしても暗雲が立ち込める気配が漂いだした。

それを晴れ間にしたのは、やはり河合弁護士ら弁護団の働きだった。

河合弁護士は当初、スルガ銀行がシェアハウスを代物弁済として引き取るべきと主張した。ところが、思わぬ壁が立ち塞がった。銀行が収益用不動産を大量に所有すると、法律に違反してしまうのだ。代物弁済に前向きに方針転換したスルガ銀行であっても、法を犯してまで譲歩はできないと主張し、それは河合弁護士も理解できることであった。目的のためなら法を犯しても構わないというのであれば、スルガ銀行の旧体制と何ら変わらなくなってしまう。

そこで、債権回収会社へスルガ銀行が抵当権付債権を譲渡し、その後に債権回収会社と被害者オーナーらの間で代物弁済契約をするのはどうかという提案がされた。

不動産の代物弁済も、不動産の譲渡とみなされる。よって、売却代金―購入費用という式で成り立つ不動産譲渡益課税が行なわれる。

今回の一件を例にあてはめれば、売却代金と消滅債務額と残債務額は1億3000万円で同額。購入費用も同額なので、譲渡益はすなわち0円となり、課税の心配もないという図式である。

しかし、この案は不動産譲渡益課税は不動産の値上がり益のみ適用されるという判例があるということで潰えてしまった。

スルガ銀行の第2次弁護団は、それでも粘り強く万全を期すために国税庁と多数回の交渉を行なった。その結果、三つの手順を踏まえるスキームが形作られた。

1　スルガ銀行は異常に高額な不動産の購入をさせる等の不法行為を被害者達に行ない、その損害額は融資額とシェアハウスの時価の差額であることを確認する。

2　生じた損害賠償債務と借入金残務額を相殺する。

3　その結果、残る債務（これはシェアハウスの時価と同額となる）とシェアハウスを代物弁済する。

1と2においては損害賠償については非課税とする課税実務上の原則が適用され、3は等価の代物弁済であるから免除益が発生しない。

つまり、被害者オーナーは建物と土地を不動産会社にバルクで購入してもらう。発生した融資額と実際の販売額の差額はスルガ銀行が賠償金として払う（借入金残額と相殺する）という訳だ。

加えて、国税庁もこの件に関しては被害者が収益を得ている訳ではないので、従来の課税実務や法令解釈の変更は認められないものの、特例とも言えるこのスキームを認める姿勢を打ち出した。課税に関しても、完全なる解決が成された形であった。

私達同盟は胸をなでおろし、弁護団へ感謝の意を表した。特に私の喜びはひとしおであった、河合弁護士は常に信頼に応えてくれ、「かぼちゃの馬車」シェアハウス投資事件を解決に導き、時に門外漢などと揶揄されながらも、債務免除益課税を願い通りに解決へと導いてくれているのだ。

「すべての債務をゼロにして、シェアハウスを購入する前までに時間を巻き戻したいです」

かつて私は彼と初めて会った時、どうしたいかを聞かれてそのように答えた。

その時は単なる願望に過ぎなかった言葉は、今や実現を目前に控えているのだった。

去る者

だが、これにて全員の一括同条件での救済が余すところなく成し遂げられた訳ではなかった。被害の状況は個別で異なる部分があったのだ。購入時期や被害状況で受けた被害額に格差が生じていた。例えば未だ更地の状態でＳＤの破綻に直面した者は最も被害が甚大であったし、建築会社からの訴訟を受けている者はその訴訟費用にあえいでいた。頭金を販売会社に持ち逃げされた者、口座から勝手に金を引き出されていた者もいた。

その調整と交渉には弁護団が尽力してくれており、これまでもかなりの時間を使っていたが、まだまだ終わりは見えそうになかった。

シェアハウスの運営にも格差があった。以前から運営していてサブリースを受け取っていた者は、ＳＤ破綻まである程度の収入があったし、破綻後に自主運営に踏み切っていた者の中には、いくらか収益をあげている者も存在していた。

反対に、未建築の上に訴訟を抱え、運営したくともシェアハウスが無く、更地を所有しているために固定資産税が高額となり、赤字を出し続けている者も数多かった。幸いにも、解決が見えてきたからこそ、その差異をクローズアップできるようになったのである。

私には、それを放置しておくことはできなかった。これまで共に闘ってきた、同盟の仲間達の痛みを少しでも軽くすることはできないかと考え、ある提案を執行部に共有した。

「まだ、確定した話として、全員に共有することはできないけど、私達は目ざすゴールに相当近づいています。でも、そう発言すると全体が浮足立つので、この話はいつものようにこの場だけにしてください。……そろそろ、私はゴールに向けた準備を進めたいと思っています」

「というと？」

「つまり、個別の被害状況を平らにするために、思いやりの心をもって、皆に募金をお願いしたいのですがどうでしょうか？　一人では重たい荷物もみんなで背負えばその負担も軽くなります。同盟内での相互扶助を考えています。でも、そのお願いする額がいくらになるのか、今は全く想像ができません。ただ、解決する前に、お互いがお互いに助けられていたということを再認識することの意味はあると思うんです」

それは募金の名を冠してはいたが、全員一律金額の寄付であった。一旦それを同盟で集め、残被害額に応じて皆に分配し、少しでも差異を埋めようという考え方である。

「いいと思います！」

「乗った！　さすがトムさん」

「募金用のアカウントを作ろう」

同盟メンバーのほとんどが相互扶助に賛成してくれた。これまでの執行部の働き、丁寧な説明、何よりリーダーとして皆を鼓舞し、引っ張ってきた私への信頼もあり、皆から賛同を得ることができたのだと思う。

だが、残念なことに相互扶助に拒否感を示す者もいた。それは予想していたことであったが、「彼」から連絡を受けた時は少なからず動揺せざるを得なかった。

「鶴田です。これまで皆に多くの協力をしてもらいました、感謝してもし切れない。でも、同盟はあくまで最良の結果を出すことが目的であり、それが成し遂げられたなら即解散し、以前の穏やかな環境に帰ることこそが今すべきことだと思う。問題解決に直接関係のない相互扶助に関しては賛成できない。私個人としては問題解決し、早期の同盟解散を望みます」

鶴田は執行部であり、副代表でもある。デモ開催時の警察との調整、さらには株主総会で先陣を切ってくれた人物でもある。

彼は今まで私とともに行動し、私自身も厚い信頼を寄せていた。相互扶助にかけた私の想いも傍らで聞いていたはずである。

私は、きちんと話し合えばきっとわかってくれる、そう願い一対一での対話も試みようとしたが、鶴田の決意は変わらなかった。自分が努力して助かった後に、どうして他の者のために、寄付をしないといけないのか。その点はどうしても譲れないようだった。

さらにこの頃、メンバーが、私の誕生会を企画していたことも悪い方に鶴田は捉えていた。

誕生会はメンバーの何名かがこれまで先頭に立ち続けていた私を労うために企画していたものだった。渦中の私がそれを知った時は、それならば執行部全員を労う会にしようと動いたのだが、鶴田はその誕生会を私自らが企画したかのようにあげつらい、私の権力を誇示するために行なう空気を読まない行為だと批判した。

一度疑念に火が付けば、それを消すことは難しい。結局、互いの主張は平行線のまま、鶴田は脱退へと突き進んでいった。

彼は担当の金弁護士に同盟脱退を告げつつ、当然ながら弁護団への委任は解除しなかった。私は鶴田に対し、示しをつけるために、今後は弁護団会議へ出席することは控えるよう伝えた。

鶴田は、当然のこととしてこれを了承し、以降同盟に近づくことはなくなってしまった。

同盟では鶴田の脱退を受けて様々な意見が交わされた。非難、擁護、同調、いずれにも共通していることは、気持ちはわからないでもないが、この時期に脱退を表明したのは大人げなく無責任な行動であるという認識だった。

相互扶助に反対するだけなら、経済的事情もあるだろうし納得できないとは言わない。だが、そこから脱退に至る流れは性急過ぎ、解決の目処が立ったから後はどうでもいいとみなしたようにしか映らなかった。同盟を脱退しても、弁護団への委任は続けるというのも虫のいい話にしか聞こえない。

「色々言いたいことはあるけど、一番には鶴田さんは可哀そうだと思うなぁ。だって、スルガに勝った時にトムさんと一緒に祝杯を挙げられないんでしょ」

ある執行部メンバーの感想を聞いた時、私は鶴田を心から残念な人だと思った。

しかし、無念の思いを強く持った一方で、私には安堵の気持ちもあった。というのも、当初私は年長者である鶴田を代表とし、自身は副代表に収まろうと相談していた時期があったのだ。もしそうしていたら、彼の無責任な脱退が解決を目前にしての同盟の四散という最悪の事態を招いていたかもしれない。今回は、大きな痛手ではあるが、同盟では鶴田の件を教訓に、相互扶助を合言葉に、さらに強固な団結が図られた。

なお、この一件は私から報告する前に、金弁護士を通じて河合弁護士の知るところとなり、私は河合弁護士に出会って以来、初めて聞く強い口調で叱責を受けることとなった。

「冨谷さん、先走りすぎだよ！　せっかく一枚岩だったのが、鶴田さんの脱退が原因で崩れてしまったらどうするの⁉　僕が助けるって言っているのに、余計なことだよ、相互扶助なんて！」

私は、鶴田脱退のショックに加えて、河合弁護士からのお叱りを受け、さすがに意気消沈し、この日は詳しい事情を説明する気すら起きなかった。

しかし、数日後に再び河合弁護士へ、債務の大小で格差がある者を救済するための相互扶助の提案であり、債務免除益の問題がすべて片づいたとしても損害に苦しむメンバーが残ってしまうこと、相互扶助については多くのメンバーが賛同してくれた旨を伝えたところ、河合弁護士の理解を得ることができた。

「あー、それは確かに冨谷さんの言う通り、債務免除の問題は解決しても残る問題だね。そこまで考えてなかった。わかったよ」

この言葉で、私の傷心は少し癒えた気がした。

人に施した利益を記憶するな、人より受けた恩を忘れるな

ジョージ・ゴードン・バイロン

同盟フル稼働

代物弁済による解決を成すとして、問題はその数であった。数百件にも上るそれは、熟練の専門家であっても音を上げるほどの膨大な量となっていたのだ。

そこで、活躍したのが同盟の中核メンバーであった。これまでに集めた情報をさらに精査し、個々の状況と照らし合わせ、まとめる作業を高麗と伊藤を中心に10名ほどで分担して進めていった。

まず、これまでに実施したアンケートをベースに、情報入力と自動計算をするアプリケーションのベータ版を伊藤が数日かけて作成し、これに被害者オーナーが保有している契約書やローンの情報を入力して、正しく算出されているかをみんなで検証した。

本来は、スルガ銀行が残債や抱き合わせローンの内容を開示すれば情報の基礎は容易に構築できるはずであったが、そこから不動産業者と結託した証拠が新たに発見されることを恐れた彼らは、詳細の開示を頑なに拒んでいたのだ。

この作成作業は困難を極めたが、同盟メンバーにも協力を要請し、およそ100項目以上ある情報をインプットしてもらい、その結果を実際と照らし合わせての確認を行なった。

問題があれば、再度修正してテストと確認を繰り返した。入力項目にブレがあるのを防ぐため、人員を変えての更なるテストも続行し、精度を上げていった。

また、この作業とは別に、これまでの情報収集の中で入手した各不動産会社や運営会社をまとめた情報が思わぬ役に立っていた。

今回の代物弁済スキームでは、土地と建物はサービサーに購入してもらうことになる。サービサーとは、金銭債権の回収・管理業務を営業する者のことであり、金融機関や一般会社から、金銭債権を譲り受けたり、委託を受けて回収・管理する債権回収会社のことである。

このサービサーにシェアハウスが安く買い叩かれてしまわないように、過去に入手した情報の中から売買のための適切な情報を弁護団へ知らせねばならない。さらに、シェアハウスと土地を売るにしても、引き継ぎ準備等々すべきことは山ほどある。メンバー達は、探偵とセールスマンを一度に始めたような慌ただしさであった。

「ひえ〜、終わらないよ〜」

「この案件について詳しい情報持ってる人いない？」

「計算間違ってるよ」

「ごめんなさい」

「まとめた情報の保管場所を間違えないでね。ごちゃまぜになっちゃうから」

それは途方もなく、並んだ膨大な数字や名前、会社の列を見るだけで頭痛がするものだった。「分析の鬼」として期待の仁は、仕事の都合で参戦できず、メンバーの中では悲痛な叫びもあった。

だが、そんな過酷な作業であるはずなのに、中核メンバーに脱落者はほとんどおらず、それを笑い合うほどの心の余裕が皆にはあった。

「そろそろ半分いったかな？」

「3分の1もいってないよ」

「もう嫌だ〜（笑）」

解決までもう少しという高揚感、そして、ここまできたらとことん最後までいこうという気力が湧いていたのだ。なによりも、辛苦を共にしてきた仲間を少しでも楽にしてやりたいという熱意が共有されていた。

その甲斐あって、自動計算の仕組みは、解決までに要するだろう作業と時間を大幅に削減させることに成功し、弁護団からは大いに称賛された。これがなければ、スルガ銀行が出し渋っている情報を待つよりほかなく、最終解決に至るまでもう1年はかかっていただろうとのことだった。

同盟のまとめ作業、弁護団によるスルガ銀行や国税庁との更なる交渉。契約のみで解決をした場合に正当性が疑問視されることを避けるために、弁護団は裁判所の門をくぐることを選択した。つまり、東京地裁での調停という手続きを済ませるための申し立て準備など、こなさねばならぬ実務は多々あり、気づけば２０１９年もまたたく間に過ぎ去り、２０２０年へと日付は移り変わっていた。

勝利！ 前例のない解決

そして２０２０年3月25日、調停合意が成立した。被害者オーナー達の土地と建物は弁護団が交渉した信頼できるサービサーに購入され、その代金はスルガ銀行へ担保権の抹消と引き換えに支払われ、私達はついに、巨額の債務から完全に解放されたのだった。

文字通り、すべての債務はゼロとなり、シェアハウスを購入する前までに時間が巻き戻った。私達にはこれ以上ない喜びであると同時に、歴史的な偉業でもあった。銀行を相手取り勝利を収めた、金融史上例のない出来事なのだ。

そのまま弁護団による記者会見が行なわれたものの、奇しくも新型コロナ禍で社会は騒然としており、ほとんど報道がされなかった。

「本当はもっともっと報道されるべきことなんだけどね。残念だね、冨谷さん」

会見後にそう話す河合弁護士に私は応えた。

「はい。でも、念願の日を迎えられて嬉しい気持ちの方が大きいです。河合先生、山口先生、それに弁護団のすべての先生には、感謝してもし切れないです。本当にありがとうございます。それから……」

「うん、まだ救済されてない人がいる。皆を助けないとね」

今回手続き書類が間に合わなかった数十名の他に、約８００人以上の被害者が救済手続きの流れに乗っていない。まだまだ、助けを求めている人々は多い状況である。

複雑な手続きを伴う膨大な数のそれにスルガ銀行は対応できず、今後は必然的に弁護団がその受け皿にならざるを得なかった。今日の調停合意を聞きつけて新たな依頼者が３００人ほどいるが、それでもまだ全員とはいかない。

「最後の一人まで……」

「お手伝いしますよ」

二人は手を握り微笑んだ。

私が同盟内で言い続けてきた「前例のない未来」。それが今日、現実のものになった。私は約2年ぶりに何の不安もない心からの笑顔を浮かべていた。

為せば成る為さねば成らぬ何事も、成らぬは人の為さぬなりけり

上杉鷹山

投資家へ

地獄行きの悪夢である「かぼちゃの馬車」から私達は無事に下車し、同盟は夢にまで見た「平穏な日々」を取り戻すことに成功した。誰もが無理、無謀と言ったスルガ銀行との闘いに勝利し、過去に例を見ない代物弁済での完全勝利をもぎ取った。

私は度々、色々な人から今回の事件を教訓にサブリースやシェアハウスから手を引いたという声を聴いたが、その都度それは本質から逸れていると感じていた。問題はそれを悪用し、利益を貪ったスルガ銀行を中心とする悪の取り巻きにあるからだ。サブリースにしろ、シェアハウスにしろ、上手に利用して法を犯すこともなく利益を上げている者はいる。制度に罪はないのだ。

とある雑誌の「投資家に向けて」というインタビューで私はこう答えた。

「そうですね、私なんかのアドバイスは、もう皆さんとっくにご承知と思いますけど……それでもあえて言うなら、投資にはリスクがあり、不動産業界には多くの悪が存在しているということでしょうか。システムがまだまだ甘くて、コンプライアンスもなにもあったものではありません。妻の友人である不動産会社社長から言われた『不動産業界の人間は9割が悪』という言葉をこれまでに身をもって痛感してきました。この事件では資料改ざんを背景に、キックバックが悪用されてきました。大本の仕組みは前科者の佐藤太治が考案して、それにスルガ銀行や不動産会社、販売会社、建築会社が関与してきた。河合先生はこれらをまとめて『悪の平行四辺形』と仰っていました。特に、スルガ銀行では旧経営陣から現場への過度の成果主義とパワーハラスメントがあって、それに現場が追い詰められた形だとも言われています……。

しかし、被害者に自殺者が出てしまったことを考えると、とても同情はできません。下手をすると私も死んでいた可能性もありましたし。メディアの方々にお願いしたいのは、この事件の結末を正しく評価して、多くの方に伝えていただきたいということです。なぜなら今は不景気ですから、将来に不安のある方々を狙う不動産業界の不正の輩達は今後も出てくると思うんです。ですから、自己防衛のためにも『かぼちゃの馬車事件』のことは基礎知識として多くの方に知っていただきたいと願っています」

幸いにして私達は、スルガ銀行やＳＤと決着をつけることで、時間を巻き戻すことができたが、私達が闘っている間に被った不安と焦燥、屈辱は消えることがない。そして、二度とこの感覚を他の誰かに味わわせたくもなかった。

自己責任論

ここに至るまで、私、そして同盟メンバー達に何度も投げかけられた言葉があった。

「それは自己責任だ。投資した結果損失が出ただけじゃないか。サブリースなんて怪しげなものに手を出した挙げ句に、失敗しただけ。投資に失敗して、ごねているだけだろ」

スルガ銀行やSD、ネット上での匿名の者から発せられて、それは未だに続いていた。時には皆の士気を下げて、無視できぬ影響を与えることもあった。

そのたびに執行部メンバーは猛然と反論した。ただ感情に任せて怒るだけではない、理路整然と背景を説明し、そうではないと否定した。

そもそも投資をした末の損失ではない。SDもスルガ銀行も不動産会社も、最初から詐欺に嵌《は》めるつもりで「かぼちゃの馬車」シェアハウス投資へと私らを誘い込んだのだ。投資ではなく詐欺、そう確信していたからこそ、これまで闘い続けられてきた。

サブリースに関しても、最初からSDが借り主となることで、発覚した際に有利になるように仕組まれていた。長期の家賃保証などを信じる方が間違っているとの指摘もあったが、被害者オーナー達も、数年経てば建物の老朽化や情勢の変化による減額はあり得ると理解していた。

しかし、まさか1から10まですべてが詐欺とは思ってもいなかった。まして、融資を受ける根拠としていた、金融庁からお墨付きを得ていたスルガ銀行が不正の中心的役割を果たしていたのだ。自分なら、こんな怪しい投資をしたりはしないという自信たっぷりな意見を聞くたびに、私は心の中で呟いた。

「私達だってこの事件に遭う前まではそう思っていたよ、けど、絶対なんて言えるのか？　今回はごね得？　ごねたくらいで今回の結論が導き出せるとでも思っているのか？　事情を知らない人間が、したり顔で語るのを見るだけで反吐が出る。私達はネットやテレビ、さらには新聞でさえもすべてが正しいことを書いている訳ではないということを今回の事件を通して身をもって学んだ。今回のようにあなたが嵌められた時に、同盟のように闘えるのか？」

騙されるよりも騙す奴の方が悪い。子どもでさえわかることを軽視し、自分に限ってそんなことはないと書き連ねる者達。そういう者こそ、詐欺師達は格好の標的にするのだ。

悪の根源

佐藤太治は勿論のこと、スルガ銀行の異常な経営実態もこの詐欺事件を引き起こす土壌となった。だが、「スルガがおかしかったから」では片づけてはいけないと今回の経験を通して思う。

利益を第一とし、成果を上げさえすれば何をしてもよい。会社内ですべてを完結させ、顧客の方を見ようともしない。法律違反とわかっていても、周囲に流され自分の利益のために他者を食い物とし、露見すれば責任を認めず、資金と法律を盾に転嫁と隠蔽に全力を尽くす。他の銀行に限らず、こういった傾向は残念ながら多くの会社組織でありふれていると言っても過言ではないかもしれない。

金融庁にしても、２０１５年時点で苦情が出ていたのにも関わらず、組織としての面子を護るため、保身からスルガ銀行を野放しにし、防げるはずの被害を多数増やしてしまったのではないか？

被害者には救いの手どころか、二次被害へ誘おうとする得体のしれない輩や、自己利益しか考えない救済団体が寄ってくる始末であった。かつて私が出会ったＳＤ被害救済支援室の千葉も、２０１８

年5月に詐欺の別件で逮捕されている。さらには、サクトの被害者であった渡辺も、事件解明の調査の中でSD被害救済支援室とつながっており、自分の損失を補填するために被害者を誘導しコンサルフィーへ出資させようと画策していたことも判明している。

私達は弁護団と出会えたからよかったものの、そうでなくては、こうした連中の食い物となり破滅していた可能性も大いにあった。

法律の面でも一刻も早い整備をすべきと私は事あるごとに主張していた。最も重要なのは犯罪を起こす前に防ぐことにあるのだ。

雨天の友

「何故勝てた？」

私はもとより、同盟メンバー、河合弁護士らへ最も投げかけられた疑問である。

答えは各々で様々だったが、私のそれは一貫していた。

「河合先生を中心とする多士済々な弁護団の先生達、約20名の同盟執行部、さらに行動を共にしてくれた２００名の同盟の仲間がいてくれたことが大きい」

もし一人きりで闘っていたら、河合弁護士にさえも出会えなかっただろう。そして、膨大な情報を集めることもできず、それを精査することもできずにスルガ銀行と闘うこともできなかったかもしれない。愚痴を言い合ったり、励まし合ったりといった精神的な支えもなく、無限に続くスルガ銀行との闘いに潰され、かつて頭をよぎった自殺という最悪の選択をしていたかもしれなかった。

幸いにして私には妻と子、父母と妹がいた。心配をかけまいと、妻以外には一切の事情を明かしていなかったが、だからこそ、絶対に迷惑をかけてなるものか、必ず勝利を掴んでやるという気持ちもあった。

同盟や弁護団からは、私のリーダーシップと行動力こそが勝利の原動力となったと称賛をいただいたが、同盟が私を中心に一枚岩となって集結し、何物にも劣らぬ数の力を持ち続けたことは確かに大きかった。私は自分のできることを精いっぱいやっただけだが、私を信じてくれる仲間の誰が欠けていてもこの解決は成されなかっただろう。「雨天の友」の力は絶大であった。

「雨天の友」のうち、130名ほどの力添えがあって、さらにこの後、私達は新たな道へ一歩踏み出していた。

今回のシェアハウス事件は解決した。しかし、同じ行員や同じ業者から同様の不正を受けて一棟中古物件等を購入し、未だにすべての問題が解決していない同盟の仲間が25名ほど残されている。私は自分の問題が解決したからといって、一緒に闘った仲間を放って去る訳にはいかない。また、今の不景気な時代背景もあって、人を騙し、人から奪うことでしか生きられない者達は、手を変え品を変えて、この手の詐欺事件を発生させ続けていくだろうとも考えている。「自分は大丈夫」そう思っていても、悪らつな輩の手はほんの僅かな隙間さえあれば忍び込み、絡め取ろうとしてくるだろう。

同盟の残された仲間や、不幸にして生み出されてしまった被害者達の救済支援をすることを目的の一つとして、私は「雨天の友」である中核メンバー10名とともに、一般社団法人「ReBORNs（リボーン）」という非営利組織を設立した。ReBORNは「生まれ変わる」という意味だ。この組織で、過去の私と同じく苦しんでいる被害者を集め、事件の真相を広く世間へ知ってもらい、被害者同士の結束、解決をしてくれる弁護士、弁護団へのサポート等を行なっていき、ReBORN（生まれ変わる）者をたくさん生み出すつもりだ。だから団体名には「s」をつけた。

また、一件でも被害を少なくすること、そして被害者を一人にしないという想いも設立の背景にあり、これは「かぼちゃの馬車」シェアハウス投資事件で未だに救済が成されていない被害者だけでなく、他の消費者被害事件の手助けも行なうことを想定してのことだった。


「今回のような事件は解決バイバイ。つまり解決したら弁護団に成功報酬を支払って感謝して、あとはバラバラになって縁も切れるのが普通なんだけど、皆さんは、世の中で過去の自分達と同じように困っている人達を助けなければならない、そのために弁護士を支援しなければならないと、社会的な立場で考えるまでに昇華した稀有な団体です。本当に素晴らしいと思います。ありがとう冨谷さん。こんな被害者団体は初めてだよ」

河合弁護士は祝勝会の挨拶でそう激賞した。山口弁護士は終始うれし泣きの状態だ。それを見て村上弁護士が微笑んでいる。

これから忙しい日々は、まだまだ続きそうだったが、自分達の力を活かすことで世間へ恩返しができるのなら、こんなにうれしいことはないとみんなが思っていた。


それから数日後、私は家族と都内のホテルにいた。かなり奮発して予約したホテルだった。夜景の眺めは最高で、部屋も一番上等なものを選んでいる。

「もうそれくらいにしなさい」

「少しくらいいいじゃないか」

ソファにのんびり腰を降ろし、3本目の缶ビールへ伸ばした私の手を妻が軽く叩いた。

「だめ、折角シュッとしてきたのに戻っちゃうでしょ。私達はプールに行ってくるからね」

妻と子ども達が部屋を出ると、私は再び缶ビールへ手を伸ばした。手に広がるひんやりした感触、そして口内に残っているビールの味と喉越しの感覚が欲求を高める。今やビールもぐいぐいいけるようになり、体重も戻りつつあった。

「中年太りって、幸せの証しなのかもしれないな……」

私は缶ビールを飲みほし、都合よくそう思った。

事件がひと段落を迎え、私は約2年ぶりに実家へ帰省しようと考えていた。父母と会い、従兄弟の拓人、そして祖母の墓参りをするためである。

「これまでずっと、私達は色々我慢してきたんだから、北海道でもいいホテルに泊まろうね。いいでしょ」

妻の言葉には苦笑して頷くしかなかったものの、それは嬉しさからくるものだった。一時は離婚すら考えるほど追い詰められたが、ずっと気丈で側にいてくれた彼女には心から感謝していた。

「……ありがとう」

自然とその言葉が声に出ていた。妻や母、亡き祖母だけでなく、同盟の仲間や弁護団の先生方、そしてこれまで助けてくれたすべての人々に対してだ。

ごろりと寝転んで、私は目を閉じた。事件の経過とともに齢50を超えた我が身を振り返る。この事件に遭遇して、普通に生活していたら出会うはずもない多くの人に出会い、たくさんの経験をした。不安もあったが乗り越えた。これからの人生にもちろん不安がない訳ではない。だが、これから経験するであろうことは、絶対に乗り越えられると断言できるほど、私を大きくしてくれたと思う。

巻き戻った時間は、再び動き始めていた。

SS被害者同盟　声明（2020年3月25日）
シェアハウス関連の不正融資の問題解決について

この度、私達スルガ銀行・スマートデイズ被害者同盟（以下、「SS被害者同盟」と言います）のメンバーの多くが委任するスルガ銀行・スマートデイズ被害弁護団（以下、「SS被害弁護団」と言います）と、スルガ銀行との間で、シェアハウス関連の不正融資問題について、和解するに至りました。内容の詳細はSS被害弁護団からの報告書および声明文をご確認ください。

SS被害者同盟は、この解決に至る経緯を総括するとともに、不正融資に起因する個別事情が残る被害者数十名については、スルガ銀行に対し引き続き真摯に対応されるよう要望致します。

1．闘う被害者集団

私達は、主に2015年から2017年の間にスルガ銀行を起点とした悪の平行四辺形（スルガ銀行、スマートデイズ等の悪質サブリース業者、不動産販売会社、建築会社）に巧みに騙され、過大な債務を背負うこととなりました。

このような被害に遭った時、多くの被害者は闘うよりも諦めることを選択しがちです。スルガ銀行とのシェアハウス融資契約には、団体信用生命保険に加入しており、家族に苦労をさせたくないという一心で自ら命を断ってしまった方や、被害が大きいことの苦しさに耐え切れず精神のバランスを壊した方もいます。実に悲しい出来事であり、今回の一連の不正融資がいかに罪深いことであったか、改めて思い知らされます。

一方、悩みつつも闘うことを選択する人もいます。私達ＳＳ被害者同盟は闘うことを選択した被害者が団結し、問題の解決に向けて命をかけて取り組んで参りました。当初は世間からの心ない「自己責任論」に傷つき、心折れそうになる時もありましたが、仲間を集め「雨天の友」として互いに励まし合い、最後には前例のない結果を勝ち取ることができました。

もし、私達が闘うことを選択していなかったら、スルガ銀行による一連の不正は明らかにされることなく、今なお同様の被害者が人知れず増え続けていたであろうことは疑う余地がありません。今回の解決は、私達自身の被害回復のみならず、これからも生まれていたかも知れないスルガ銀行の不正融資による被害者を、私達で止めることができたという意味においても、非常に意義深いことであると考えます。

2．スルガ銀行第三者委員会への謝辞と行政機関への要望

スルガ銀行への忖度のない報告書を作成されたスルガ銀行第三者委員会には心より感謝を申します。本報告書により、ＳＳ被害弁護団とＳＳ被害者同盟が解明に取り組んできたスルガ銀行の詐欺的スキームが、白日の下に晒されることとなりました。スルガ銀行はスマートデイズ等の悪質サブリース業者のシェアハウス事業がその開始当初からビジネスとして成り立っていないことを認識していた

にも関わらず、組織的な不正融資を続けて被害者数を増大させてきました。これは、銀行業の免許を受けて業務を行なっている企業として到底考えられないことであり、非常に罪深いことです。

一部で、地銀がこのような不正に手を染める切っ掛けになったのは「マイナス金利付き量的質的金融緩和」である、との論調も見受けられますが、金融政策によって地銀が苦境に立たされることが、不正融資が行なわれる言い訳には決してなりません。

金融行政を担う金融庁は、スルガ銀行に対しその悪質さに見合った行政処分を科しました。一方で、今回の事件で重大な被害をもたらした不動産販売会社に対してはほとんど実態調査や行政処分が行なわれていない現状があります。

昨今のサブリース問題を契機とし、サブリース業者に対する規制を強化する法案の成立を目指しているとの報道がされておりますが、二度と我々のような被害者が生まれないよう実効性のある法整備を要望いたします。

3．今なお不正を働いている金融機関への要求

スルガ銀行以外の金融機関においても、相当数の不正が行なわれているという実態があるようです。国民の銀行に対する信頼がこれ以上損なわれることのないよう、スルガ銀行はもとより、公正かつ顧客本位の業務運営の実施を要望するとともに、不正を行なっていた金融機関においては早急に被害者救済につながる対応を要望致します。

また、スルガ銀行においては、本件解決をもってしても、一部不正融資に起因する個別事情が残る被害者が一定数いるため、それらについても引き続き真摯な対応を要望します。

4. スルガスキームで未だ苦しむシェアハウス被害者の方へ

ＳＳ被害弁護団においては、現在の委任をされていない被害者の方が、今後ＳＳ被害弁護団に委任されることで第２次調停の申立を実施する準備をすすめて頂けることとなりました。

この声明を読まれているスルガ銀行によるシェアハウス融資被害者の方々は、この機会にＳＳ被害弁護団にご相談されることを強くお勧めします。

5. SS被害弁護団への謝辞

今回、河合弘之団長、山口広団長、紀藤正樹副団長、谷合周三副団長を筆頭に、約50名からなる最強の弁護団を結成し、私達を導いてくださいました。そして、私達が兼ねてから目標としていた理想的な形での解決を勝ち取ることができました。ＳＳ被害弁護団は、私達ＳＳ被害者同盟全員の命の恩人であり、どれほど言葉を尽くしても感謝の気持ちを表現しきれません。本当にありがとうございました。

6. メディアへの謝辞

社会悪を許さないという気概を持ち、鋭い記事や映像等で報道してくださったメディアの皆さまには心より御礼を申し上げます。また、機動的な行動で独自に情報を収集し、積極的なメディアへの出演や情報提供等により、本件解決に向けて大きく寄与してくださった加藤博太郎弁護士にもこの場を借りて御礼を申し上げます。

7．最後に

私達は金融機関を相手に前例のない結果を勝ち得ました。しかし、私達に続く被害者は、残念なことにこれからも生まれてしまうことでしょう。私達はその救済を目指す弁護士の支援や、被害者のケアなどを行なう非営利の団体「一般社団法人 ReBORNs」を有志で新たに設立することと致しました。私達が解決に至ったノウハウを活かし、微力ながら世間に対して恩返しをしていきたいと思っております。

この事件の解決に至るまでＳＳ被害弁護団の他、多くの方々のご支援をいただきましたことに改めて心からの感謝を申し上げます。本当にありがとうございました。

あとがき

私たちＳＳ被害者同盟とスルガ銀行とのシェアハウスに関連する闘いは困難をのりこえ、やっと決着した訳ですが、その後に数名の仲間から相談を持ち掛けられました。話を聴くとアパート・マンションにおいても、スルガ銀行の「同じ行員から」、シェアハウスと「同様の手口（書類の改ざん）」で不正融資をされていた事例、「販売業者が同じ担当者」であった等々、数々の証拠とともに「ＳＳ被害者同盟として、再び一緒に闘って欲しい」ということでした。この方たちはシェアハウスの債務からは解放されたものの、アパート・マンション問題で１〜４億円ほどの不正融資の債務を残したままです。

この件について、スルガ銀行は、個別不法行為を立証せよ、と、（２０２１年９月現在）硬直的な対応を続けています。一般的な詐欺事件の場合、被害者側がその証拠を集めて加害者側と闘う必要があるのですが、第三者委員会の報告書を見ても、スルガ銀行の融資はほとんどに不正事実があったことが認められている訳ですから、逆に、スルガ銀行側が不正が無かった融資であることを、個別に証明すべきなのではないでしょうか。明らかにおかしい対応であると感じます。

私は、スルガ銀行が正しい未来を拓こうとするならば、すべての膿《うみ》を出し切り、過去の不正を正す必要があると考えています。真面目に務めている行員もいるはずですから、彼らのためにもこの問題を早く解決し、再建の道を歩んで欲しいと願っています。

しかしながら、スルガ銀行の対応が遅いため、仲間の被害者たちは、たくさんの証拠を集めて、調停を申し立てているところです。

なぜ、人は他人をだましてまで奪い取ろうとするのでしょうか。今回の事件は無い金を借りさせて奪おうとしました。そして、だまして奪った人（加害者）を責めるのではなく、だまされて奪われた人（被害者）に対して自己責任論で誹謗中傷する人たちもいます。みんなが奪い合い始めたら、社会なんて成立するはずもないのに……。

シェアハウス問題が決着した後に立ち上げた一般社団法人ReBORNsには、スルガ銀行のアパート・マンションに絡む不正融資の被害者（ＳＩ被害者同盟）、他の金融機関不正融資の被害者（ＡＡ被害者同盟）、ホステル投資詐欺の被害者（建築商売被害者同盟）、カーシェア詐欺の被害者等、数多くの被害者たちから相談が寄せられています。私たちは、これ以上被害者が生まれない世の中になることを心から願い、消費者被害問題の救済支援活動を続けています。

まえがきでも書きましたが、皆さまのご支援をいただければ幸甚です。

最後になりますが、この度のスルガ銀行「かぼちゃの馬車事件」から私たち被害者を救済し、さらにこのような記録書籍を残すべきとご助言くださり、さらには執筆に際しては、お忙しい中、原稿のチェックまでしていただきました河合弘之弁護士に、この場を借りて深くお礼申し上げます。本当にありがとうございました。

また、執筆に協力をいただいた一般社団法人ReBORNs（リボーン）の理事の皆さん、そして細《ほそ》野《の》田《た》津《つ》興《おき》氏にもお礼を申し上げたいと思います。

そして、私の座右の銘を記して筆をおきたいと思います。

至誠而不動者未之有也（至誠にして動かざる者は、未だ之れ有らざるなり）

『孟子』離婁上

冨谷皐介（とみたに　こうすけ）

SS 被害者同盟（スルガ銀行・スマートデイズ被害者同盟）代表

日本の家電メーカーで中間管理職として勤務していた、50 代の元サラリーマン。25 年以上にわたり家電業界に従事。社内では数多くのプロジェクトに携わり、成功に導く経験を持つ。

約 2 億円の融資を受けて購入したシェアハウスの評価額が、物件受け渡し直後で約 1 億円しかないことを知り、取り返しのつかない失敗をしたことに気づく。深く悩んだ末に、愛する家族のために保険金（団信）目当ての自殺を考えるようになるが、時を同じくして労災による従兄弟の事故死が発生。自分の家族を同じように悲しませてはいけないと自殺を思いとどまると、自分をだました者たちに対しとてつもない怒りが湧き、死んだ気になってスルガ銀行と闘うことを決意する。

誰もが無駄だと言ったスルガ銀行との闘い。最初はたった一人での闘いだったが、勝利を諦めずに行動した結果、次第に人が集まり、スルガ銀行・スマートデイズ被害者同盟（SS 被害者同盟）を設立し、代表となる。河合弘之弁護士との運命的な出会いがあり、結果的に消費者問題事件としては前例のない代物弁済的スキームで債権放棄を勝ち取る。（第 3 次調停までの不債総額は 1570 億円）

今は、サラリーマン人生に別れを告げ、一般社団法人 ReBORNs を設立し共同代表理事に。元被害者の仲間とともに詐欺事件に巻き込まれている方たちの救済支援に当たっている。特に、スルガ銀行によるアパート・マンションの不正融資で過去の私と同じように苦しんでいる被害者救済のために、2021 年 5 月 25 日、スルガ銀行不正融資被害者同盟（SI 被害者同盟）を設立。その弁護団（SI 被害弁護団）の後方支援などに取り組んでいる。

・SS 被害者同盟：SS はスルガ銀行・スマートデイズの頭文字。

「かぼちゃの馬車事件」の被害者がチームを組んでスルガ銀行と交渉するために、2018 年 3 月に結成。

かぼちゃの馬車事件《ばしゃじけん》

スルガ銀行《ぎんこう》シェアハウス詐欺《さぎ》の舞台裏《ぶたいうら》

2021 年 10 月 18 日　初版第 1 刷
2021 年 10 月 25 日　初版第 2 刷

著　者　冨谷皐介《とみたにこうすけ》

発行人　松崎義行

発　行　みらいパブリッシング
〒 166-0003 東京都杉並区高円寺南 4-26-12 福丸ビル 6 階
TEL 03-5913-8611　FAX 03-5913-8011
https://miraipub.jp　MAIL info@miraipub.jp

企画協力　J ディスカヴァー

編　集　道倉重寿

写　真　冨谷皐介

表紙イラスト　渡部和夫

発　売　星雲社（共同出版社・流通責任出版社）
〒 112-0005 東京都文京区水道 1-3-30
TEL 03-3868-3275　FAX 03-3868-6588

印刷・製本　株式会社上野印刷所

ISBN978-4-434-29426-6 C0036